AF555429

CATALOGUE MENSUEL N° 198

15 JUIN

LIBRAIRIE

DE

THÉOPHILE BELIN

29, Quai Voltaire, PARIS

PARIS

LIBRAIRIE THÉOPHILE BELIN

29, QUAI VOLTAIRE, 29

1894

2436. **About** (Edm.). Le Nez d'un notaire. Paris, C. Lévy, 1886, pet. in-8, demi-maroq. rouge avec coins, tête dor. n. rog., dos orné. Couv. (Champs) 20 fr.

13 eaux-fortes de Géry-Richard ajoutées.

2437. **Abrégé** historique des principaux traits de la vie de Confucius. A Paris, chez l'auteur et chez Ponce, graveur, s. d. in-4 veau fauve. 15 fr.

Orné de 24 estampes gravées par Helman, texte en regard.

2438. **Admiranda** rerum admirabilium encomia, sive diserta et amoena Pallas disserens seria sub. ludicra specie. Noviomagi-Batavorum, typis Reineri smetii, 1676, pet. in-12. front. et fig. sur cuivre, mar. vert, dos orné, fil. et dent. sur les plats, tr. dor. (Derôme). 125 fr.

Bel exemplaire d'un recueil curieux. Exemplaire provenant de la bibliothèque de Ch. Nodier avec son ex-libris.

2439. **Alain Chartier**. Les œuvres de maistre Alain Chartier en son viuant Secretaire du feu roy Charles septiesme du non (sic). Nouuellement imprimees reueues et corrigices (sic) oultre les precedêtes impressions. On les vend a Paris en la grant salle du palais au premier pillier en la bouctique de Gaillot du pre, libraire iure de Luniversite, 1529, pet. in-8, lettres rondes, mar. rouge jans., doublé de mar. bleu, larges dentelles de feuillages, dorure à petits fers, tr. dor. 600 fr.

Bel exemplaire d'une édition rare et recherchée, orné d'une charmante reliure exécutée par Trautz-Bauzonnet.

2440. **Album** contenant 17 planches lithographiées en couleur de V. Adam, Charlet et autres. in-8 oblong veau vert, orne. sur les plats, tr. dor. (rel. de l'époque). 20 fr.

2441. **Ame** (L') amante de son Dieu, représentée dans les emblèmes de Hermannus Hugo sur ses pieux désirs et dans ceux d'Othon vaincus sur l'amour divin. A Cologne, chez J. de la Pierre, 1717, in-12, mar. rouge, fil. dos orné, tr. dor. (rel. anc.). 100 fr.

Front. et 105 fig. gravées par Smit.

2442. **Amours** de Theagènes et Chariclée, histoire ethiopique. A Londres, 1743, 2 vol. in-12, veau marb. fil. tr. dor. dos orné. 10 fr.

Front. et nombreuses figures.

2443. **Amours** des dames illustres de notre siècle. A Cologne, chez Jean Le Blanc, 1703, fort vol. in-12 de 587 pp. front., mar. rouge, fil. dent. int. tr. dor., dos orné. (Hardy). 40 fr.

Contient : Histoire amoureuse des Gaules. — Maximes d'amour. — Alosie ou les amours de M. D. M. T. P. — Le Palais-Royal ou les amours de Mme de La Vallière. — Histoire de l'amour feinte du Roy pour Madame. — La princesse ou les amours de Madame. — Le Perroquet, ou les amours de Mademoiselle. — Junomie ou les amours de Mme de Bagneux. — Les fausses prudes, ou les amours de Mme de Brancas, et autres dames de la Cour. — La déroute et l'adieu des filles de joye de la ville de Paris. Avec leurs noms, leur nombre et les particularitez de leur prise et de leur emprisonnement et la requeste à Mme de la Valière. — Le passe-temps Royal, ou les amours de Mlle de Fontanges. Haut. 146 mill.

2444. **Androuet du Cerceau**. Le Premier (et le second) Volume des plus excellens bastiments de France auquel sont designez les plans de quinze (trente) bastiments et de leur contenu, ensemble, les élévations et singularités d'un chascun, par J. Androuet du Cerceau, architecte. A Paris, pour ledit J. Androuet du Cerceau, 1607, 2 tomes en 1 vol. in-fol., vélin blanc. rel. anc. 450 fr.

Ouvrage le plus important de ce célèbre architecte. Il nous conserve les plans exacts de 30 palais, châteaux royaux et seigneuriaux, existant alors mais qui depuis ont été ou entièrement démolis ou ont reçu de nouvelles constructions qui en ont changé l'aspect.

Le premier volume contient : 8 ff. prélim. et 64 figures en 67 pl., savoir : Ancy-le-Franc, 3 pl. — Boulogne dit Madrid, 9. — Chambord, 3 pl. — Creil, 1. Coussy, 4. — Follembray, dit le Pavillon, 2. — Gaillon, 7. — Louvre, 9. — Monne, 2. — Montargis, 4. — Muette, 2. — Saint-Germain, 4. — Valery, 5. — Verneuil, 10. — Vincennes, 2.

Le second volume : 8 ff. prelim. et 60 fig. en 63 planches, savoir : Amboise, 3. — Anet, 7. — Blois, 5. — Beauregard, 3. — Bury, 3. — Challuau, 2. — Chantilly, 7. — Charleval, 5. — Chenonceaux, 3. — Dampierre, 4. — Ecouen, 5. — Fontainebleau, 7. — Saint-Maur, 3. — Les Tuileries, 3. — Villers-Cotterets, 3.

Très bel exemplaire monté sur onglets, très grand de marges.

2445. **Annales** du règne de Marie-Thérèse, impératrice, reine de Hongrie et de Bohême, archiduchesse d'Autriche, etc. Dédiées à la Reine par M. Fromageot. Paris, Prault fils, 1775, in-8, v. marbr. dos orné, tr. marbr. (Rel. anc.). 25 fr.

1 portr. de Marie-Thérèse gravé par Catelin d'après Ducreux, 2 portraits en médaillon d'après Moreau le jeune par Gaucher en tête de la dédicace et 4 fig.

par Moreau gravées par Duclos de Launay, Prévost et Simonet.

2446. **Antoni** Sucquet e Societate Jesu : Via vitae aeternae, iconibus illustrata per Boetium a Bolswert. Antverpiae typis Martini Nutii, 1620, in-8 mar. vert, fil. dent. int., tr. dor. (Masson-Debonnelle). 125 fr.

Front. et 32 figures gravées. Très bel exemplaire de 1er tirage de ces planches remarquables, composées et gravées par Bolswert.

2447. **Arago** (Fr.). Astronomie populaire, publiée d'après son ordre sous la direction de M. J. A. Barral. Baudry, 1854, 4 vol. in-8 dem. veau. 18 fr.

Nombreuses planches.

2448. **Art** (L') de rendre les femmes fidelles. Troisième édition. Avec des changements et des corrections. A Genève, et se trouve à Paris, chez Couturier fils, 1783. 2 parties en un vol. pet. in-12, mar. rouge, dent, tr. dor. (Rel. anc.). 25 fr.

2449. **Art Treasures** of the United Kingdom from the art treasures exhibition, Manchester. Edited by J. B. Waring ; chromo-lithographed by F. Bedfort ; the drawings on wood by R. Dudley ; with essays by Owen Jones, Digby Wyatt, etc. London, Day and Son, 1858, in-fol. pl. en chromolithog. v. olive, riches comp. de v. noir à la Grolier, comp. dorés, armoiries, tr. dor. (Leighton son and Hodge.) 150 fr.

Magnifique publication, une des plus importantes de ce genre, reproduisant avec la plus grande perfection les merveilles artistiques exposées a Manchester : ivoires, porcelaines, vitraux, émaux, bijoux, armes, tapisseries, meubles, etc., Elle est orné de 110 planches chromolithographiées et de figures sur bois dans le texte.

Cet important ouvrage, publié à 500 fr. a été tiré à 750 exempl., et les planches en ont été détruites après la publication.

Bel exempl. couvert d'une jolie reliure mosaïquée.

2450. **Arts et métiers**. Amsterdam, (S. D.), 1694, in-4, fig. sur cuivre, vélin. 100 fr.

Recueil de 100 jolies gravures en taille-douce par Luy Ken avec un quatrain en hollandais au bas de chaque gravure. Bel exemplaire.

2451. **Avantures** (Les) de l'infortuné Florentin, ou l'Histoire de Marco Mario Brufolini. Nouvelle édition ornée de figures, avec la guinguette du Petit-Gentilly. Amsterdam. 1730, 2 tomes en 1 vol. in-12, front. et 4 fig. demi-rel. mar. r. avec coins, dos orné, fil. tr. dor. (Petit-Simier.) 5 fr.

2452. **Aventures** satyriques de Florinde, habitant la basse région de la Lune. S. l., 1625, in-8, mar. vert. (Rel. molle). 100 fr.

L'auteur, qui se cache sous le nom de son héros, Florinde, dit dans sa préface : « La malice insupportable des esprits de ce siècle m'a forcé, sans égard, d'en dire mon sentiment excusable en mes défauts, si par un chemin jusques icy peu cognu des esprits francoys, j'ay eu le courage de mettre au jour ces avantures. » Il termine par un panégyrique du roi Louis XIII, panégyrique en strophes qui sent son historiographe et qui me donne à penser que Florinde est le pseudonyme de Ch. Sorel, auteur de Francion. (P. Lacroix.)

2453. **Baffo** (Giorgio). Poésies complètes de), en dialecte Vénitien, littéralement traduites pour la première fois, avec le texte en regard, orné de l'auteur, 4 vol. in-8, papier de Hollande. 100 fr.

Cette édition du fameux poète vénitien Baffo, contemporain et patriote de Casanova, dont il complète en quelque sorte les Mémoires, était demandée depuis longtemps par les acquéreurs du Musée du Bibliophile. Elle est entièrement conforme, pour le texte, à celle donnée par Lord Pembroke. (Cosmopoli, 1789, 4 vol. in-8.)

2454. **Bail** des Fermes royales unies fait à Me Pierre Carlier le 19 aoust 1726. Paris, impr. royale, 1728, in-4, mar. r. dos orné, dent. tr. dor. (Rel. anc.) 120 fr.

Exemplaire aux armes de Le Peletier de Villeneuve.

2455. **Ballets** et mascarades de Cour, de Henri III à Louis XIV (1581-1652), recueillis et publiés d'après les éditions originales par M. Paul Lacroix. Genève, chez J. Gay et fils, 1868-1870, 6 vol. in-12, br. en cart. 150 fr.

Un des deux exemplaires sur peau de vélin.

2456. **Balzac**. Les Œuvres diverses. Paris, P. Rocolet, 1646, in-4 velin, port. 15 fr.

Edition originale.

2457. **Balzac** (Honoré de). Le père Goriot, scènes de la vie parisienne. Paris, Quantin, 1885, gr. in 8. br. 70 fr.

10 eaux-fortes. Tirage à 100 exempl. numérotés sur papier du Japon avec deux suites des planches avec et avant la lettre.

2458. **Bandello** (Nouvelles). (XVIe siècle). Traduit en français pour la première fois. Paris, Liseux, 1879, 2 vol. in-18 br., papier de Hollande (publié à 25 fr.). 15 fr.

Matteo Bandello n'est pas tout à fait aussi ignoré en France que bien d'autres Novellieri Italiens, il occupe même chez nous un assez bon rang grâce à trois circonstances particulières. Henri II, pour le récompenser de son attachement à notre cause durant les guerres d'Italie, en fit un prélat français, Shakespeare lui emprunta le sujet le plus populaire de ses tragédies, Roméo et Juliette.

2459. **Barbazan.** Fabliaux et Contes des poètes français des XIe, XIIe, XIIIe, XIVe et XVe siècles, tirés des meilleurs auteurs, nouv. édit., augmentée et revue sur les Mss. de la Bibliothèque Impériale par M. Méon. Paris, B. Warée (de l'imprim. de Crapelet, 1808, 4 vol. in-8, fig., demi-rel. mar. r. à long grain, n. rog. 150 fr.

4 figures par Langlois, gravées par Delvaux et de Villiers.

Exemplaire en grand papier, avec triple état des gravures, eaux-fortes, avant la lettre et avec lettre.

2460. **Baric.** Voilà ce qui vient de paraître, revue comique de l'année. Paris de Vresse, s. d., cahier in-8, br. 5 fr.

Nombreux dessins de Baric.

2461. **Barrois.** Eléments carlovingiens linguistiques et littéraires. Paris, Crapelet, 1846, in-4 demi-maroq. bleu av. coins, tête dor. n. rogné. 18 fr.

2462. **Barrow** (Jean). Abrégé chronologique ou Histoire des Découvertes faites par les Européens dans les différentes parties du monde. Extrait des Relations les plus exactes et des Voyageurs les plus véridiques, par Jean Barrow. Traduit de l'Anglais par M. Targe. A Paris, chez Saillant, 1766, 12 vol. in-12, mar. rouge, dos orné, fil., tr. dor. (Rel. anc.). 500 fr.

Relation des voyages de Colomb, Cortez, Pizarre, Magellan, Dracke, Raleigh, Schouten, Dampier, Niehoff, Wafer, Gemelli, Ullpa, Anson, etc.
Aux armes de la comtesse d'Artois.

2463. **Basan.** Dictionnaire des graveurs anciens et modernes, depuis l'origine de la gravure par F. Basan, graveur, seconde édition mise par ordre alphabétique, considérablement augmentée et ornée de 50 estampes par différents artistes célèbres, ou sans aucune au gré de l'amateur. A Paris, chez l'auteur, 1789, 2 vol. in-8 demi-chag. n. rog. 100 fr.

Exemplaire avec la gravure du conte le Rossignol, tome II, page 89 par B. Picart, qui manque souvent.

2464. **Bassinet** (A.-J.-D.). Histoire sacrée de l'Ancien et du Nouveau Testament, représentée par figures avec des explications tirées des S. S. Pères. Paris, Desray, 1804-1806, 8 vol. gr. in-8, papier vélin veau marb. dent. tr. dor. 250 fr.

Très bel exemplaire contenant 614 planches gravées.

2465. **Bastard** (de). Costumes, mœurs et usages de la cour de Bourgogne sous le règne de Philippe III, dit le Bon (1455-1460), tirés de l'histoire de Girart, comte de Nevers, et de la belle Euriant, sa mie. S. l. n. d., 25 planches in-fol. sur papier de chine, monté en 5 livraisons dans un carton spécial. 60 fr.

La 1re planche est coloriée en miniature. Cet ouvrage n'a pas été mis dans le commerce.

2466. **Bastide.** La Petite Maison, publiée par le bibliophile Jacob. Paris, Jouaust, 1879, in-12, mar. rouge, fil. dent. int. tr. dor. (Masson-Debonnelle). 12 fr.

Eau-forte de Lalauze.

2467. **Bayle** (Pierre). Dictionnaire historique et critique. Paris, 1820, 16 vol. in-8, demi-chag. 70 fr.

Bon exemplaire.

2648. **Beattie** (William). La Suisse pittoresque, traduit de l'Anglais par L. de Bauclas. Londres, Virtue, 1836, 2 vol. in 4, demi-veau bleu, n. rog. 28 fr.

Nombreuses planches hors texte gravées sur acier par W. H. Bartlett.

2469. **Beaufort d'Auberval.** L'enfant du trou du soufflenr ou l'autre figaro. Bruxelles 1883, 2 tomes en 1 vol. pet. in-8, br. 2 frontispices sur papier de Chine. 6 fr.

Ce roman semble avoir été écrit sur le vif, on sent à la lecture que les personnages ont vécu. Curieux roman.

2470. **Beaulieu.** Les Plans et profils des principales Villes et lieux considérables des principautés duchés et comtés de Brabant, Cambray, Haynault, Namur, Limbourg et Bar, Artois, et Flandre, avec la carte générale et les particulières de chaque gouvernement par le Sieur de Beaulieu. A Paris, chez l'auteur, s. d. (vers 1700), 1 vol. in-4 obl., veau. (Rel. anc.). 70 fr.

Ce volume renferme 225 vues et plans de villes et places fortes conquises par

Louis XIV, ou ayant été le théâtre de sièges ou combats faits par ce Roi.

2471. **Benoit** (Louis). Physiologie de la poire. Paris, chez tous les libraires, 1832 in 8, cart. 15 fr.

2472. **Bérain**. Fac-simile des œuvres de Jouanès Bérain par Midart. Paris, Dunod, s. d. in-fol. demi-chag. r. 30 fr.

Contenant 70 planches sur l'ornement.

2473. **Bergerat** (E.) Enguerrande, poème dramatique, avec une préface de Théodore de Banville, 1 vol. in-4 br. au lieu de 20 fr. 8 fr.

1 portrait de l'auteur gravé à l'eau-forte par H. Lefort et deux compositions du statuaire Ang. Rodin.

2474. **Bernard** (P.-J.). Œuvres ornées de gravures d'après les dessins de Prud'hon, la dernière estampe gravée par lui-même. Paris, P. Didot l'aîné, an V, 1797, in-4. fig. hors texte demi-rel. mar. rouge, avec coins, dos orné fil. tête dor. n. rog. (Petit-Simier), 250 fr.

Très bel exemplaire, un des 150 tirés sur papier vélin fort d'Angoulême avec la suite des figures de Prud'hon, en épreuve avant la lettre. Les exemplaires sur ce papier sont les seuls qui contiennent les operas de l'auteur.

2475. **Bernardin de Saint-Pierre**. Paul et Virginie, édition augmentée d'un nouveau préambule. Paris de l'imp. de Didot l'aîné, 1806, gr. in-4, pap. velin cart. n. rog. 60 fr.

1 portrait par Lafitte gravé par Ribault et 6 figures par Gérard, Girardet, Isabey, Moreau et Prud'hon, gravées par Bourgeois de la Richardière, Bovinet, Mecou, Pillement, figures avant la lettre.

2476. **Bernardin de Saint-Pierre.** Paul et Virginie suivi de la chaumière indienne. Paris, Méquignon Marvis, 1823, in-8, fig. de Desenne, veau fauve, fil. dent. fers à froid, dos orné, tr. dor. (Larivière). 25 fr.

2477. **Bernardin de Saint-Pierre**. Œuvres complètes, mises en ordre et précédées de la vie de l'auteur par Aimé-Martin. A Paris, chez Méquignon Marvis, 1818, 12 vol. in-8, port. et fig., demi-mar. brun, dos orné, coins, entièrement non rognés. (Purgold). 300 fr.

Exemplaire sur grand raisin vélin, non rogné, avec la suite complète de 1 port. gravé par Lignon, d'après Girodet, 8 figures d'après Laffitte, Moreau, Girodet, Vernet, Prudhon et Isabey, pour Paul et Virginie ; 2 gravures de Desenne pour la Chaumièrs indienne et 5 vignettes du même pour les autres ouvrages, en triple état : avec la lettre, coloriées du temps ; avant la lettre et eaux-fortes.

Manquent les trois eaux-fortes de Moreau et celle de J. Vernet pour Paul et Virginie.

Les figures de botanique sont en double état : noires et coloriées.

2478. **Béroalde de Verville.** Le Moyen de parvenir, contenant la raison de tout ce qui a été, est et sera (par Béroalde de Verville). Nulle part, 1000 700 32 (1732), 2 tomes en 1 vol. in-12, titre r. et noir, bas. grenat, dos orne, fil. tr. dor. 20 fr.

Belle édition dans laquelle on trouve un abrégé de la dissertation de La Monnoye sur cet ouvrage.

2479. **Berquin**. Idylles. S. l. n. d. (Paris de l'imprimerie de Quilleau 1775), 2 tomes en 1 vol. in-12 veau marbr. tr. rouge. (Rel. anc.). 100 fr.

1 front. gravé par Marillier et 24 figures gravées par Gaucher, de Gendht, Le Gouaz, Delaunay, Lebeau, Masquelier, Née et Ponce. Exemplaire avant les numéros.

2480. **Berquin**. Romances. A Paris, de l'imprimerie de Moutardier, 1797, 2 vol. in-16, mar. vert, tr. dor. (Rel. anc.). 90 fr.

Titre gravé, 13 figures, épreuves en double état, avant et avec les numéros plus 44 pages de musique gravée.

— Le même, 2 vol. in-12 veau tr. dor. 30 fr.

2481. **Bertall**. La comédie de notre temps. La civilité. — Les habitudes. — Les mœurs. — Les manières et les manies de notre époque. Paris, Plon et Cie, 1874, 2 vol. in-4. demi-chag. Laval. 35 fr.

Nombreuses études au crayon et à la plume.

2482. **Bertall**. La vie hors de chez soi (comédie de notre temps), l'hiver, le printemps, l'été, l'automne. Paris, Plon, 1876, gr. in-8 demi-mar. rouge, tr. marb. 12 fr.

Etudes au crayon et à la plume.

2483. **Biblia**, quid in hac editione praestitum sit, vide in ea quam operi praeposuimus, ad lectorem epistola. Lutetiae, ex officina Roberti Stephani, 1545, 1 tome en 2 vol. in-8, mar. rouge, fil., dos ornés, tr. dor. 400 fr.

Bel exemplaire aux armes du comte d'Hoym. Sur le dos des volumes, l'aigle couronné de Pologne. Provient de la bibliothèque de Cigongne.

2484. **Biblia** quid in hac editione praestitum fit vide in ea quam operi praeposuimus, ad lectorem epistola

Lutetia Roberti, Stephani, 1545, gr. in-8 veau. 10 fr.

2485. **Biblische figuren** desz Neuwen Testaments, gar . künstlich gerissen. Durch den weitberhumpten Vergilium Solis zu Nurnberg. Franckfurt am Main, 1552. (A la fin) : Getruckt zu Franckfurt am Mayn, durch David Zephelium Johan Raschen, und Sigmund Feyrabent, 1562, in-4 oblong de 60 ff. vélin. 160 fr.

116 planches gravées d'après Virgile Solis, se rapportant au Nouveau Testament et à l'Apocalypse.

Outre la marque de Solis qui se trouve sur la plupart des planches, on voit aussi celles des graveurs Christophe Schveitzer et Hans Guldemund.

2486. **Bibliographie** des ouvrages relatifs à l'amour, aux femmes, au mariage et des livres facétieux, pantagruéliques, scatologiques, etc. par le C. D. J***. Turin, Gay, 6 vol. in-8 demi-mar. lavall. tête dor. n. rog. 150 fr.

Exemplaire sur grand papier.

2487. **Billard de Lorière**. Démonstration de la cause des divisions qui règnent en France. S. l. 1754, in-12 mar. rouge, fil. tr. dor. 25 fr.

Exemplaire avec de nombreuses et piquantes notes de Jamet le jeune.

2488. **Billon**. Le Fort inexpugnable de l'honneur du sexe femenin, construit par François de Billon secretaire. On les vend à Paris, chez Jan d'Allyer, 1555, in-4, fig. mar. r. dos orné, fil. dent. int. tr. dor. (Hardy). 110 fr.

Livre singulier orné de plusieurs grandes figures sur bois et d'un portrait de l'auteur sur le titre. Il contient des détails intéressants sur les dames françaises du XVIe siècle qui sont devenues illustres soit par leur vertu, soit par leur beauté.

Petite piqûre de vers bouchée dans les marges supérieures.

2489. **Binet**. Méditations affectueuses sur la Vie de la très Sainte Vierge mère de Dieu. Par le R. P. Estienne Binet. Anvers, Martin Nutius, 1632, in-12, titre gravé et fig., basane. 40 fr.

Un frontispice et 33 figures gravées par C. de Mallery, sujets de la Vie de la Vierge et de la Passion.

2490. **Birchen-Bouquet** (The). Or curions and original anecdotes of ladies fond of administering the Birch discipline, and published for the amusement, as voell as the benefit of those ladies who hove imder their tintion sulky, stupid wanton, lying or idle young, ladies or gentlemen. Republished with considérable additions. London, 1888, in-12 br. de 60 pp. 10 fr.

2491. **Blanc** (Charles). L'Œuvre complet de Rembrandt décrit et commenté. Paris, Gide, 1859-1861, 2 vol. gr. in-8, br. 15 fr.

Exemplaire de J. Janin sur papier de Hollande avec eaux-fortes et une lettre autographe.

2492. **Boccace**. Il Decameron di messer Giovanni Boccacci cittadino Fiorentino. Si comelo diedero alle stampé gli SS[ri] Giunti l'anno 1527. In Amsterdamo, 1665, in-12, mar. vert, dos orné, fil., dent. int. tr. dor. (Niédrée). 60 fr.

Willems, n° 1349. — Haut. 147 mill.

2493. **Bocksperger** (Johan). Neuvve biblische figuren dess. Alten und neuvven Testaments. Francfort, Feyrabend, 1564, in-4 obl. fig. sur bois vélin blanc. 140 fr.

Contenant 133 figures dess. par J. Bocksperger. La grande planche pliée de l'Exode, représentant le camp d'Israël s'y trouve intacte.

2494. **Boileau-Despréaux**. Œuvres diverses du sieur D., avec le Traité du sublime ou du merveilleux dans le discours, traduit du grec de Longin. A Paris, chez Claude Barbin, 1694, 2 vol. in-12, front. gravé, fig., veau fauve, fil., dos ornés, dent. intér., tr. dor. (Allo). 30 fr.

Edition contenant l'Ode sur la prise de Namur et la Satire sur les femmes.

2495. **Boileau-Despréaux**. Œuvres avec des éclaircissements historiques donnez par lui-même. A Genève, chez Fabri et Barillot, 1716, 2 vol. in-4 veau, tr. rouges. 12 fr.

Portraits de Rigaud et Santerre, figures de Chereau.

2496. **Boileau-Despreaux**. Poésies. Paris, Didot, 1781, 2 vol. in-12 mar. vert. fil. tr. dor. (rel. anc.). 15 fr.

2497. **Boitard**. Le Jardin des plantes, description et mœurs des mammifères de la ménagerie et du muséum d'histoire naturelle. Précédé d'une introduction historique, descriptive et pittoresque par M. J. Janin. Paris, Dubochet, 1842, gr. in-8, cart. de l'éditeur, n. rog. 22 fr.

Nombreuses illustrations dans le texte et hors texte. Bel exemplaire.

2498. **Bonfons** (Pierre). Les Antiquitez et choses plus remarquables de Paris, recueillies par M. Pierre Bonfons... Augmentees par frere Iaques du Breul Religieux de l'Abbaye de Sainct-Germain des Prez. A Paris, par Nicolas Bonfons, 1608, pet. in-8, fig. sur bois, mar. rouge, fil., dos orné, dent. int., tr. dor. (Trautz-Bauzonnet). 100 fr.

2499. **Borel** (P.) Trésor de Recherches et antiquitez gauloises et françoises, réduites en ordre alphabétique, et enrichies de beaucoup d'origines, épitaphes et autres choses rares et curieuses, comme aussi de beaucoup de mots de la langue Thyoise ou Theuthfranque. Paris, Aug. Courbé, 1655, in-4, veau fauve (Rel. anc.). 75 fr.

Bel exemplaire aux armes du comte d'Hoym, provenant de la bibliothèque de Ch. Nodier.

2500. **Bouchet** (Jean). Les Triũphes | de la noble et amoureuse Dame | en lart de honnestement aymer. | Composé par le traverseur des | voyes périlleuses | Nouvellement | imprimé à | Paris. Imprimé à Paris par Jean Real | 1541, in-8 goth. de 12 ff. prél. non ch. et 390 ff. ch. lettres ornées mar. brun, fil. et comp. à fr. fleurons et milieu dor. dent. int., tr. dor. (Chambolle-Duru). 100 fr.

2501. **Bouchet** (Jules). La villa Pia des jardins du Vatican, texte par Raoul-Rochette. Paris, Cousin, 1837, in fol. cart. 15 fr.

Contenant 23 planches.

2502. **Bourassé** (l'Abbé). Les Châteaux historiques de France, histoire et monuments. Tours, Mame, 1882, gr. in-8, demi-chag. rouge, plats toile, tr. dor. 6 fr.

Figures hors texte.

2503. **Boyer** (Georges). Le trèfle à quatre feuilles. Paris, Ollendorf, 1887, in-12 carré, mar. lav. fil. dent. int. tête dor. n. rog., couv. 25 fr.

Très jolies illustrations de Paul Avril. Envoi autographe de l'auteur à Mlle Suzanne Reichenberg.

2504. **Breton** (Ernest). Pompéia, suivie d'une notice sur Herculanum. Paris, Gide et Baudry, 1855, gr. in-8 demi-chag. laval. plats toile, tr. dor. 10 fr

1re édition. Illustrations dans le texte et hors texte.

2505. **Briffardière** (Ant. Gaffet, sieur de la). Nouveau traité de Vénerie contenant la chasse du cerf, celle du chevreuil, du sanglier, du loup, du lièvre et du renard, avec la connoissance des chevaux propres à la chasse et des remèdes pour les guérir lorsqu'ils se blessent, etc. On y a joint un Dictionnaire de la chasse du cerf et du chevreuil, le tout orné de figures et de musique, par un gentilhomme de la vénerie du Roy. (Publié après la mort de l'auteur, par Pierre Clément de Chappeville, ancien capitaine du régiment Vexin). Paris, Nyon, 1750, in-8, planches. bas. rac. 75 fr.

Très rare.

2506. **Brulliot.** (F.). Dictionnaire des monogrammes, marques figurées, lettres initiales, etc... avec lesquels les peintres, dessinateurs, graveurs et sculpteurs ont désigné leurs noms. Munich. 1832-34, 3 part. en 1 vol. in-4, demi-mar. lavall. tr. peign. (Lortic). 70 fr.

Marques et monogrammes. Edition la plus estimée.

2507. **Buffon**. Collection des Animaux quadrupèdes de Buffon, formant 362 planches d'animaux coloriées, servant à toutes les éditions des Œuvres de cet auteur, classés par ordres et genres sur le système animal de Linné, avec deux tables ; la première suivant le système de Linné ; la seconde, par ordre alphabétique. Paris, Hôtel de Thou, s. d., (1785), 2 vol. in-4, cart., dos ornés. 45 fr.

2508. **Buffon.** Œuvres complètes, mises en ordre par M. le comte de Lacépède. Paris, Eymery, Fruger et Cie, 1828-29, 26 vol. grand in-8, portr., fig. et cartes, demi-rel. v. bleu avec coins, ébarbé. (Blaise). 100 fr.

Bel exemplaire sur grand papier vélin, avec les figures coloriées.

2509. **Bulletin** de la Société internationale des Électriciens. Paris, Gauthier-Villars, 1884, gr. in-8, demi-veau vert, tr. jasp. 5 fr.

Tome 1er.

2510. **Burgmaier.** Images des Saints et Saintes issus de la famille de l'empereur Maximilien Ier. En une suite de 119 planches gravées en bois par différents graveurs d'après les dessins de Hans Burgmaier. Vienne, Stockl, 1799, in-fol., demi-rel. bas., éb. 180 fr.

Tirage de 119 bois originaux gravés dans le premier quart du XVIe siècle et conservés dans la bibliothèque impériale à Vienne.

2511. **Burton** (Richard). Vikram and the Vampire or tales of Hindu delivery. London, Tylston and Edwards, 1893, in-8, cart. 8 fr.

Illustrations dans le texte et hors texte.

2512. **Cabinet satyrique** (Le) ou recueil parfaict des vers piquants et gaillards de ce temps, tirés des secrets cabinets des sieurs de Sigogne, Reynier et autres. Nouvelle édition. Paris, Billaine, 1613, pet. in-12, front. gravé, mar. rouge, dos orné, dent. sur les plats, tr. dor. 40 fr.

Edition imprimée postérieurement à la date indiquée, le privilège étant daté du 1er Juin 1618, elle a 4 ff. prélim., 669 pp., 2 pp. pour le privilège et 8 ff. n. chiffrés pour la table.

2513. **Cabinet satyrique** (Le) ou recueil parfaict des vers piquants et gaillards de ce temps. Tiré des secrets cabinets des sieurs de Sigognes, Regnier, Motin, Berthelot, Maynard et autres des plus signalez poëtes de ce siècle. Seconde édition reveue, corrigée et de beaucoup augmentée. A Paris, chez A. Estoc, 1620, in-12, mar. rouge, dos orné, front. gravé, tr. dor. (Hardy). 80 fr.

Haut : 136 mill.

2514. **Cœsaris** (Julii). quœ extant, ex emendatione. Jos. Scaligeri. Amstelodami ex officina Elzeviriana, 1662, pet. in-12 mar. rouge. jans. tr. dor. (Duru). 40 fr.

Titre gravé, figures et cartes. Jolie édition elzévirienne. Haut. 129 mill.

2515. **Casanova**. Mémoires. Leipsic, Brockhaus, 1826, 14 vol. in-12 demi-chag. rouge, tr. jasp. 50 fr.

Edition originale.

2516. **Casanova**. Mémoires de Jacques Casanova de Seingalt, écrits par lui-même. Edition la seule complète. Bruxelles, Rozez, 1879, 6 vol. in-12, demi-veau viol. avec coins, tr. peig. 25 fr.

2517. **Cathéchisme** royal, dédié à Monseigneur le dauphin en la cérémonie de son baptesme par L. Richeome, provençal de la compagnie de Jésus. Lyon, J. Pillehotte, 1607, in-12, vélin blanc. 35 fr.

Ce volume est orné de plusieurs jolies figures par Th. de Leu, Fornazeris etc. Rare.

2518. **Cathéchisme** des jésuites, ou le Mystère d'iniquité révélé par ses supposts, par l'examen de leur doctrine mesme selon la croyance de l'Eglise Romaine (par Estienne Pasquier.) A Villefranche, chez Guillaume Grenier, 1697, in-12, mar. r. tr. dor. (Rel. anc.) 25 fr.

2519. **Catrou** et **Rouillé**. Histoire romaine depuis la fondation de Rome. Paris, 1725, 16 vol. in-4, veau fauve. 30 fr.

Nombreuses gravures.

2520. **Cent nouvelles nouvelles** (Les). Dix dizaines des cent nouvelles nouvelles réimprimées par les soins de D. Jouaust avec notice, notes et glossaire par M. A. Lacroix. Paris, Jouaust, 1874, 4 vol. in-8, demi-mar. vert, tête dor. n. rog. 90 fr.

Exemplaire sur papier de Hollande avec 2 suites des 10 dessins de J. Garnier, une en héliogravure et l'autre gravée à l'eau-forte par Lalauze.

— Le même br. 45 fr.

2521. **Chabert**. Voyage fait par ordre du roi en 1750 et 1751 dans l'Amérique septentrionale, Paris, imprimerie Royale, 1753, in-4, 7 cartes et planches, mar. rouge, fil., tr. dor. (rel. anc.) 150 fr.

Exemplaire aux armes du duc de Choiseul.

2522. **Challamel** (Aug.) et Wilhehn Ténint. Les Français sous la Révolution. Paris, Challamel, s. d., gr, in-8, demi-mar. rouge avec coins, tête dor., n. rog., dos orné. 28 fr.

40 scènes et types, dessinés par M. H. Baron, gravés sur acier par M. L. Massard.

Bel exemplaires avec les planches en 2 états en noir et en couleurs.

2523. **Cham**. 7 cahiers. Paris, A de Vresse, in 8, br. Comprenant :

Le Salon de 1865	2 fr. 50
Les grimaces du jour.	2 fr. 50
Le corps législatif pour rire	2 fr. 50
Nouvelles charges parisiennes.	2 fr. 50
La chronique du jour.	2 fr. 50
Cham au salon de 1870.	2 fr. 50
Cham au salon de 1867.	2 fr. 50

2524. **Champavert**. Contes immoraux, 1870, in-12, mar. rouge dent. intér., tête dor., n. rog., étui. 250 fr.

Illustré de 47 aquarelles originales dans les marges par H de Sta.

2525. **Chasseur bibliographe** (Le), revue bibliographique littéraire, critique et anecdotique, rédigée par une société de bibliographes et de bibliophiles suivie d'une notice de livres rares et curieux. Paris, François, 1862, 2 vol. in-8 br. 7 fr.

1re et 2e année.

2526. **Chippendale** (Thomas). The Gentleman and Gabinet Maker director, being a large collection of the mon elegant and useful designs of household furniture in the Gothic Chinese and modern Taste. London, printed for the Anthor, 1754, in-fol. mar. rouge larges dentelles, dos orné, tr. dor. 650 fr.

Bel exemplaire de ce recueil contenant 164. planches d'ornements pour meubles.

2527. **Chorier.** The dialogues of Luisa Sigea (Aloisiæ Sigeæ Satyra Sotadica de arcanis Amoris et Veneris) literally translated from the latin of Nicolas Chorier. Dialogue I. The Skirmish. — II. Tribadicon. — III. Fabric. — IV. The Duel. — V. Pleasures. — VI. F olics and sports. Ensemble 3 vol. in-8, br. 30 fr.

2528. **Chorier.** Aloisiæ Sigeæ. Toletanæ Satyra Sotadica de Arcanis Amoris et Veneris. Aloisia Hispanice scripsit, Lafinitate donavit Joannes Meursius (re vera auctore Nicolao Chorier). Parisiis, cura et studio Isidori Liseux, 1885, in-12 br. 6 fr.

Ce livre, dont il a été fait d'innombrables éditions sous le titre de Joanis Meursii Elegantiæ Latini sermonis, est en réalité l'œuvre d'un jurisconsulte Français du XVIIe siècle, Nicolas Chorier : un écrivain nourri du plus pur miel de l'Antiquité ; le dernier Classique Latin, comme Bossuet le dernier Père de l'Eglise. Déjà, il y a près d'un siècle et demi, les éditeurs de la Collection Barbou lui assignaient sa place, entre Virgile et l'Imitation de Jésus-Christ. Les Latinistes contemporains seront heureux de le retrouver ici, dans une édition plus correcte et plus lisible qu'aucune de ses devancières.

2529. **Cicéron.** Tullii Ciceronis opera, Parisiis, Barbou, 1768, 14 vol. in-12. mar. bleu, tr. dor., port. 100 fr.

Bel exemplaire relié par Thouvenin.

2530. **Clias.** Gymnastique élémentaire ou cours analytique et gradué d'exercices propres à développer et à fortifier l'organisation humaine. Paris, in-8 demi-chag., plats toile, (Mouillure). 1 fr. 50

Frontispice et 12 planches.

2531. **Coignard** (Gabrielle de). Œuvres chrestiennes de feu dame Gabrielle de Coignard. vefve à feu monsieur de Mansencal, sieur de Miremont, président de Tholose. A Tournon, pour J. Faure, libraire en Avignon, 1595, in-16 maroq. bleu, milieux dorés, dent. int., tr. dor. (Chambolle-Duru). 55 fr.

Joli petit volume de 239 pp. en lettres italiques. haut 128 mill.

2532. **Collection** des Classiques français, avec les notes de tous les commentateurs. A Paris, chez Lefebvre (imprimerie de Jules Didot), 1821-1828, 73 vol. gr. in-8, demi-rel. veau rose, coins, tête dor., non rog. (Rel. de l'époque.) 700 fr.

Exemplaire en grand papier vélin. Magnifique collection.

2533. **Commen- | taires** de Iules Ce- | sar Translatez par | noble homme Estiēne de Laigue dit | Beauuoys, nouuellement reueuz et cor- | igez. Auec les portraictz et descriptions des | lieux, forts, pontz, machines et autres | choses dont est faict mention es presens Commentaires. | Imprimé a Paris, par Pierre Gaultier, pour | Iehan Barbé. 1545. in-16, mar. bleu jans., dent. int., tr. dor. (Bauzonnet-Trautz.) 70 fr.

2534. **Commines.** Les mémoires de Philippe de Commines seigneur d'Argenton, contenans l'histoire des Roys Louys XI et Charles VII depuis l'an 1464, jusques en 1498. Edition revue et augmentée par Denys, Godefroy. Paris, imp. Royale, 1649, in-fol., veau. (rel. fatiguée). 15 fr.

2535. **Contes** et **nouvelles**, de Marguerite de Valois reine de Navare nouvelle édition. A Paris, aux dépens de la compagnie, 1740, 2 vol. in-12, demi-veau. 12 fr.

Front et nombreuses figures à mi-page.

2536. **Contes** et Nouvelles en vers, par Voltaire, Vergier. Sénecé, Perrault, Moncrif, le P. Ducerceau, Paris, Leclère, 1862, 2 vol. in-12, demi-maroq. lavall. avec coins tête dor., n. rognés, vignettes de Duplessis-Bertaux. 30 fr.

Bel exemplaire de cette édition tirée à cent exemplaires.

2537. **Contes secrets Russes.** Ronsskiia Zavetuiia Shazki). Traduction complète. Paris, Liseux, 1891, 1 vol. in-8, broché, tiré à 220 exemplaires numérotés. 25 fr.

Divers ouvrages modernes ont déjà fait connaître en France un certain nombre de contes Slaves. Ceux-ci sont à peu près inédits — et pour cause — dans leur pays natal. L'original du présent recueil, tiré à quelques exemplaire seulement pour les archéologues et les bibliophiles à été imprimé clandestinement, comme l'auteur lui-même nous l'apprend dans sa préface.

2538. **Corneille** (P.). Le Théâtre de P. Corneille. Reveu et corrigé par l'auteur. Imprimé à Rouen et se vend à Paris, chez Th. Jolly, 1664, 2 vol. in-fol., portrait et frontispice gravé, mar. rouge, fil., comp., tr. dor. 300 fr.

Edition dont le texte a été revu par Corneille pour la 3e fois. Exemplaire provenant de la bibliothèque de M. A. Didot, vendu 400 fr. plus les frais. Très bel exemplaire avec témoins.

2539. **Corneille** (P.). Œuvres. Théâtre complet, édition imprimée d'après celle de 1682. Paris, Laplace, 1877, gr. in-8, br. 6 fr.

Dessins en couleur.

2540. **C. Cornélius** Tacitus ex I. Lipsii accuratissima editione. Lugduni Batavorum, ex officina Elzeviriana, 1634, pet. in-12; titre gr., mar. r., fil. à fr., dent. int., tr. dor. (Duru.) 40 fr.

Edition fort belle et très recherchée. Willems. N° 415. Haut. 125 millim.

2541. **Coste.** Education des enfants, traduction anglaise de Mr Locke par Mr Coste, 8e édition revue et corrigée. Paris, David, 1747, 2 vol. in-12, mar. rouge, dos orné, fil., tr. dor. port. (Rel. anc.) 25 fr.

2542. **Costumes** et **modes** dessinés par Horace Vernet. Vers, 1820. En 1 vol. in-4, demi-rel., dos et coins mar. rouge. 1600 fr.

43 charmants dessins à l'aquarelle par Horace Vernet, costumes d'hommes et de femmes. Ces dessins ont été gravés dans le Journal des modes de La Mésangère.

2543. **Cousin** (V.). Fragments littéraires. Paris, Didier, 1843, in-8, demi-veau fauve, tête jasp., n. rog. 4 fr.

2544. **Cramer** (Mathias). Le Monde dans une noix, c'est-à-dire un abrégé de l'Histoire universelle chronologique des événements les plus remarquables du monde, très plaisamment representez par tables et par figures en taille-douce, trad. de l'allemand par Mathias Cramer. S. l. n. d. (1722), in-4, v. fauve, tr. dor. (Thompson.) 125 fr.

Très nombreuses et curieuses fig. de Ch. Weigel. Exemplaire Van der Helle.

2545. **Crébillon** fils. Lettres de la marquise de M*** au comte de R***. La Haye, Scheurleer, 1738, 2 vol. in-12, veau. 4 fr.

2546. **Chroniqve et Hy | stoire** Faicte et cõposee par feu messi- | re Philippe de Cõmines cheualier, | seigneur Dargẽton | contenãt les choses advenues | durãt le regne du roy Loys vnziesme | tant en Fran- | ce | Bourgongne | Flandres | Arthoys | Angleterre | que Espaigne | et lieux circõuoisins. Nouuellement | reueue et corrigee | Auec la table des chapitres con- | tenuz en ladicte Cronique. | (¶ Il se vend a Lyon sur le Rosne en la | maison Claude nourry | dit le Prince : au- | pres de nostre dame de Confort. — [A la fin :]... Et fut acheuee dimprimer le. xij. iour du moys | Dauril Lan mil cinq cens xxvj. par Claude Nourry dit le Prince | demourant a Lyon sur le Rosne pres nostre dame de Confort | (¶ Laus deo. In-4 goth. de 4 ff. lim. et 108 chiffrés longues lignes, titre en caract. rouges et noirs, gravure sur bois au verso du titre ; mar. rouge jans., dent. int., tr. dor. (Trautz-Bauzonnet.) 350 fr.

Cinquième édition, très rare, de la Chronique de Commines. La première est celle de Paris, Galliot Du Pré, 26 avril 1524. Voy. F. Vander Haeghen, Bibliotheca belgicar
Très bel exemplaire, rempli de témoins.

2547. **Crozat.** Recueil d'estampes d'après les plus beaux tableaux et d'après les plus beaux dessins qui sont en France dans le cabinet du roy. Paris, chez Basan, 1763, 2 vol. gr. in fol. cart. 250 fr.

180 planches, en très belles épreuves.

2548. **Damhoudère.** Le Refuge et garant des pupilles, orphelins et prodigues : traité fort utile et nécessaire à tous légistes, praticiens, justiciers et officiers orné de figures convenables à la matière. Autheur Messire Josse de Damhoudère. Anvers, Jean Bellere, 1567, in-4, fig., veau brun. (Rel. anc.). 100 fr.

Ce traité juridique est orné du portrait de Damhoudère et de plusieurs figures gravées sur bois.
Milieux avec chiffres sur les plats.

2549. **Daucourt.** Le Berceau de la France. A Paris, de l'imprimerie de Didot l'aîné, 1780, 2 tomes en 1 vol. in-18, mar. vert, fil., tr. dor. (Rel. anc.) 10 fr.

De la collection du comte d'Artois. Exemplaire papier fin.

2550. **Daumier.** Croquis variés. Paris, Librairie nouvelle, s. d., cahier gr. in-8, br. 3 fr.

Dessins de Daumier.

2551. **David** (Joan). Veridicus christianus. Antuerpiae ex officina Plantiniana, 1601 et 1606 in-4, veau fauve fil. tr. dor. 120 fr.

Contenant 103 planches dont 100 numérotées ; la planche qui doit être en regard de la page 374 s'y trouve, cette planche manque souvent.

2552. **Défence** des droits et Prerogatiues des Roys de France. Contre Alexandre Patrice Armacan, Theologien. Escritte en Latin, sous le titre de Vindiciæ, Galliae. Et fidellement traduitte en François. A Paris, chez Pierre Rocolet, 1639. In-8, mar. vert, fil., dos fleur-delisé, tr. dor. 120 fr.

L'auteur des Vindiciæ est Daniel de de Priézac ; le traducteur français, Jean Baudoin.
Bel exemplaire aux armes de Pierre Séguier.

2553. **De la Noblesse** et preexcellence du sexe fœminin, faict et cõpose par noble Chevallier et Docteur en deux droictz messire Henri Cornelle Agrippa, conseillier iudicaire du trespuissant Empereur Charles cinquiesme... translate de Latin en Françoys. On les vend à Paris, par Denis Janot, s. d. in-16 de de 56 ff. texte encadré, mar. r. milieu doré, dent. int. tr. dor. (Chambolle-Duru.) 60 fr.

Edition recherchée.

2254. **Delavigne** (Casimir). Marino Faliero. Paris, Ladvocat, 1829, in-8, demi-rel. toile. 5 fr.

2555. **Democritus** ridens. sive campus recreationum honestarum ; cum exorcismo melancholiæ. Amstelodami, apud J. Janssonium, 1655, petit in-12, front. gravé, mar. vert, fil., tr. dor. (Derome). 15 fr.

Joli exemplaire en reliure ancienne d'un volume qui fait partie de la Collection elzevirienne.

2556. **Descamps** (J.-B.). La vie des peintres Flamands, Allemands et Hollandois, avec des portraits gravés en taille-douce, une indication de leurs principaux ouvrages et des réflexions sur leurs différentes manières. A Paris chez Jombert, 1753-69, 4 vol. in-8, demi-veau fauve, dos ornés. 35 fr.

2557. **Desmarets**. Histoire naturelle des Tangaras, des Manakins et des Todiers. Paris, Garnery, 1805, in-fol. pap. vélin, veau marb., tr. dor. 125 fr.

Bel exemplaire contenant 72 planches coloriées.

2558. **Desportes** (Philippe). Les premières œuvres. Paris, Mamert, Patisson, 1579, pet. in-4, mar. bleu, jans., dent. int., tr. dor. 120 fr.

Bel exemplaire grand de marges.

2559. **Desportes**. Les premières œuvres de Philippes Desportes, dernière édition revue et augmentée. A Paris, par Mamert, Patisson, 1600, pet. in-8 de VIII et 338 ff. plus 6 ff. non chiff. formant la fin de la table vélin. 150 fr.

Très belle édition imprimée en caractères italiques. Quelques petites mouillures.

2560. **Desportes** (Philippes). Les Pseaumes de David mis en vers françois, avec quelques cantiques de la Bible, et autres œuvres chrestiennes, et prières du mesmes antheur. Paris, Mamert, Patisson, 1601, pet. in-12 veau, fil. à froid. tr. dor. 25 fr.

Exemplaire réglé.

2561. **Desz Neuen** testaments Mittler, s. l. n. d., in-64, veau ant. 20 fr.

Second volume seul composé de 130 figures finement gravées en taille-douce vers 1660 par christiania et Magdalena Küslin, deux femmes artistes qui vivaient en Suisse vers la fin du XVIIe siècle,

2562. **Dictionnaire** classique de Géographie ancienne, pour l'intelligence des Auteurs anciens, servant d'introduction à celui de la Geographie moderne de Laurent Echard. Paris, chez Lacombe, 1768. In-8, mar. rouge, fil., dos orné, tr. dor. 100 fr.

Bel exemplaire aux armes du Roi Louis XV.

2563. **Du Choul**. Discours sur la castramation et discipline militaire des Romains des bains et antiques exercitations grecques et romaines de la religion des anciens romains. A Wesel, 1672, in-4, vélin. 20 fr.

Ouvrage très rare et très curieux contenant de nombreuses figures gravées.

2564. **Dumas** fils (Alex.). La dame aux Camélias. Préface par M. J. Janin. Paris, M. Lévy, 1872, gr. in-8, demi-mar. lavall. avec coins tête dor., n. rog., dos orné couv. (Raparlier). 20 fr.

Edition spéciale revue et corrigée par l'auteur. Exemplaire sur papier de Hollande.

2565. **Dumont d'Urville**. Voyage autour du monde, nouvelle édition revue et corrigée. Paris, Furne, 1853, 2 vol. gr. in-8, demi-chag. viol. tr. dor. 10 fr.

Figures sur acier hors texte.

2566. **Dupré de Saint-Maure**. Anthologie russe suivie de poésies originales dédiée a s. M. l'empereur de toutes les Russies. Paris, J. Trouvé, 1823, in-4, demi-veau vert. 10 fr.

6 figures lithographiées.

2567. **Du Tillet** (les frères). Recueil des roys de France, leurs couronne et maison, ensemble le rang des grands de France, plus une chronique abrégée contenant tout ce qui est advenu tant en fait de guerre qu'autrement, entre les rois et princes, republiques et potentats estrangers par J. Du Tillet evesque de Meaux. Paris, Mettayer, 1618, 2 part. en 1 vol. in-4, veau. 10 fr.

Dernière édition estimée avec des figures sur bois.

2568. **Duval** (J. B.). Les funérailles méditées et amour de la mort pour apprendre à bien mourir en vivant afin de parvenir à la vie éternelle. Paris, Eustache, Foucault, 1609, in-12 mar. lavall. jans. dent. intér., tr. anc. 40 fr.

Front. et 10 fig. gravées par L. Gaultier, sur le titre un nom coupé en haut de la marge et raccomodage.

2569. **Emblemata,** et aliquot nummi antiqui operis, Joan. Sambuci Tirnaviensis pannonii. Altera editio. Cum emendatione et auctario copioso ipsius auctoris. Antverpiœ, ex off. Christ. Plantini, 1566, pet. in-8, fig., veau fauve, dos orné, fil. (Capé). 40 fr.

Frontispice, portrait et 223 jolies figures d'emblêmes gravées sur bois.

2570. **Emblemata** anniversaria academicae altorfinae norimb. 1597. — Emblemata schonovii, Goudae 1618. — Emblemata Botssardii, Paris, 1584, 3 part. en 1 vol. in-4, mar. rouge, dos orné, fil. (rel. anc. 100 fr.

Nombreuses figures. Le dernier ouvrage est incomplet du titre.

2571. **Emblêmes** d'amour illustrez d'une explication en prose fort facile pour entendre le sens moral de chaque emblême, s. l. n. d. in-4 de 51 ff. n. ch. fig. mar. rouge, dos orné fil., dent. int., tr. dor. (Belz Niedrée). 70 fr.

Volume orné d'un titre frontispice et 50 figures gravés en taille douce chacune de ces figures est accompagnée d'un quatrain et d'une explication en prose.

2572. **Erasme**. L'éloge de la folie, traduit du latin d'Erasme par M. Gueudeville, nouvelle édition, revue et corrigée sur le texte de l'édition de Basle. s. l. Paris, 1751, in-12 tiré in-4, veau fauve dos orné à petits fers fil., tr. rouges. (Rel. anc.) 80 fr.

1 front., 1 fleuron sur le titre, 13 estampes, 1 vignette, 1 cul-de-lampe par Eisen gr. par Aliamet de la Fosse Flipart, Legrand, Le Mire etc. Bel exemplaire en grand papier.

2573. **Estienne** (Charles). L'agriculture et maison rustique augmentée par M. Liebault, plus un bref recueil des chasses au cerf, du sanglier, du lièvre, du regnard, du bléreau, du connin, du loup et de la fauconnerie. Paris, Jacques du Pays, 1572, in-4, parch. 16 fr.

Le titre et les premiers ff. sont rongés. Le premier et le dernier feuillet du dernier cahier manquent.

2574. **Etat** militaire de France par MM. de Montaudre et de Roussel, années, 1766, 1779, 1785, 1787 et 1788, Paris, Guillyn et Onfroy, 1766-1788, 5 vol. in-12, bas marbr. chaque vol. 10 fr.

2575. **Etiennez** et **Guesdon**. L'Italie à vol d'oiseau in-fol., demi-chag. vert, coins, tête dor. n. rogn. 25 fr.

1 carte et 42 gravures lithographiées manque le titre.

2576. **Etreillis** (B[on] d'). Ecuyers et cavaliers, autrefois et aujourd'hui avec 10 eaux-fortes. Paris, Baudoin, 1887, in-8, br. 6 fr.

Tiré à 420 exemplaires numérotés n° 154.

2577. **Eudel** (Paul). La vente Hamilton. Paris, Charpentier, 1883, gr. in-8, demi-chag. rouge, tête jasp.. n. rog., couv. 5 fr.

27 dessins hors texte.

2578. **Faerni** (Gabrielis). Ceremonemis fabulae centum. Ex antiquis auctoribus delectæ, carminibus explicatæ novisque ære incisis iconibus adornatæ. Londini, 1743, in-4, veau fil. 10 fr.

Frontispice et vignettes à mi-page le frontispice ainsi que les 4 premières pages sont remontés.

2579. **Feuillet**. Recueil de Contredances, mises en chorégraphie d'une manière si aisée, que toutes personnes peuvent facilement les apprendre sans le secours d'aucun maître et même sans avoir eu aucune connaissance de la Chorégraphie. Paris, chez l'auteur, 1706, in-12, texte et pl. gr., mar. r., dos orné, fil., dent. int., tr. dor. 30 fr.

Très rare.

2580. **Fontane** (Marius). Histoire universelle. Les Asiatiques, Assyriens, Hébreux, Phéniciens de 400 à 559 av. J.-Christ. Paris, Lemerre, 1883. in-8, br. 4 fr.

2581. **Fontane** (Marius). Voyage pittoresque à travers l'isthme de Suez. Paris, Dupont et Lachaud, s. d. in-fol. cart de l'éditeur. 25 fr.

Contenant 25 grandes aquarelles par Riou lithographiées en couleur par E. Ciceri portrait de F. de Lesseps.

2582. **Fournier** (Edouard). Souvenirs

poétiques de l'école romantique 1825 à 1840, précédés d'un notice biographique sur chacun des auteurs connus dans le volume. Avec 4 port sur acier par M. Nargeot. Paris, Laplace, Sanchez et Cie, 1880, in-12, demi-rel. mar. rouge, dos et coins, tête dor., n. rog. 60 fr.

Un des 100 exemplaires sur papier de Hollande on a ajouté 14 lettres autographes d'Ed. Fournier et 1 lettre signée de Lamartine et 17 portraits.

2583. **Fumée** (Jacques de). L'arsenac de la milice française, contenant plusieurs questions et leurs contrarietez sur ce qui doit estre observez à bien ordonner des batailles avec plusieurs belles et notables instructions aux chefs et conducteurs d'armées. Paris, Jean Corrozet, 1613, in-8 de 4 ff. prél. 370 pp. et 2 ff. de table mar. rouge, jans., dent. int.. tr. dor. (Hardy). 40 fr.

Bel exemplaire d'un livre très rare n. rog. rempli de témoins.

2584. **Galerie** de **Florence**. Tableaux, statues, bas-reliefs et camées de la galerie de Florence et du Palais Pitti, dessinés par Wicar, peintre, et gravés sous la direction de C. L. Masquelier avec les explications par Mongez. Paris, Lacombe, 1789-1821, 4 vol. in-fol., demi-rel., chag. rouge. 200 fr.

Quelques mouillures. 200 planches.

2585. **Galerie** du Palais-Royal, gravée d'après les tableaux des différentes écoles qui la composent avec un abrégé de la vie des peintres et une description historique de chaque tableau par M. l'abbé de Fontenai. Paris, Couché et Bouillard, 1786, 2 vol. in-fol. titre dédicace et estampes gravés par Couché, Bouillard, Delaunay, Delignon, Le Mire, etc., d'après les dessins de Wicar et autres v. r. dos orné fil. et comp. dor. et à fr., tr. dor. (rel. anglaise). 500 fr.

Exemplaire sur grand papier colombier avec les figures avant la lettre et les légendes tirées à part sur papier de soie ; fort rare en cet état. Tome I et II, renfermant 253 estampes ; 8 des feuilles de papier de soie manquent et ont été remplacées par d'autres sans légendes.

2586. **Gavard** (Ch). Galeries historiques de Versailles, précédée d'une notice par J. Janin. Paris, 1838, in-8, mar. rouge fil., tr. dor. dos orné. 30 fr.

114 planches au trait aux armes du duc d'Orléans.

2587. **Genlis** (Mme de). Arabesques mythologiques ou les attributs de toutes les divinités de la fable. Paris, Barrois 1810, 2 vol. in-12 mar. bleu, jans., dent. int., tête dor. n. rog. 50 fr.

78 planches en 2 états en noir et en couleurs.

2588. **Gessner**. Œuvres. Paris, 1785, 3 vol. in-4, demi-rel. 150 fr.

3 front., 3 titres, 4 vignettes, 91 figures et 66 culs-de-lampe dessinés par Le Barbier. On a joint à cet exemplaire un port. de Gessner, gravé par St Aubin d'après Denon et 1 port. d'Huber gravé par Mme Tardieu.

2589. **Gessner**. Œuvres. Paris, Bossange, 1797, 3 vol. in-18, mar. rouge, fil. tr. dor. (rel. anc.). 15 fr.

Portrait, frontispices et figures par Giraud, Frussote, etc.

2590. **Gilles** de la **Tourette**. Traité clinique et thérapeutique d'après l'enseignement de la salpetrière, préface du Dr Charcot, Paris, Plon, 1891, in 8, br. 5 fr.

46 figures dans le texte.

2591. **Gombauld**. Les Epigrammes de Gombauld divisées en trois livres, Courbé, 1657, in-12, mar. r. dos orné, fil. dent. int. tr. dor. (Capé). 35 fr.

Bel exemplaire très grand de marges. Hauteur : 151 mill.

2592. **Goury** de **Champgrand**. Traité de Vénerie et de chasses. Paris, Hérissant, 1769, 2 part. en 1 vol. in-4, br. 80 fr.

Première édition, très rare, contenant 39 planches. Exemplaire complètement non rogné.

2593. **Gravelot Cochin**. Iconologie par figures ou traité complet des allégories, emblêmes, etc. Ouvr. utile aux amateurs, et pouvant servir à l'éducation des jeunes personnes. Paris, Lepau et Lattré, s. d., 4 vol. in-12, fig. veau porphyre, dent., tr. marbr. 200 fr.

Bel exemplaire. Le tome IV contient la plupart des figures avant la lettre.

2594. **Grévin** A. Les filles d'Eve. Album petit in-fol. obl. cart. 12 fr.

21 planches coloriées.

2595. **Gruner** Lewis. Fresco décorations and Stuccoes of churches and Palaces in Italy, during the fifteenth and sixteenth centuries, with descriptions. London, Joh Murray, 1844, 1 vol. in-4 et album gr. in-fol., mar. bleu, large dent. doubles de vél. blanc, dent intér., tr. dor. 300 fr.

45 planches noires et coloriées aux armes du roi Louis-Philippe.

2596. **Guéranger** (Dom). Sainte-Cécile et la société romaine aux deux premiers siècles. Paris, F. Didot, 1874, gr. in-8, br. 15 fr.

1er tirage. Figures et planches en couleurs.

2597. **Gueudeville**. Histoire abrégée et très mémorable du chevalier de la Plume noire, Ecuyer, Sire du Hazard, de la Fortune, de l'Avanture, etc. A Amsterdam, chez H.-G. Lohner, 1744, in-12, mar. bleu, fil., dos orné, dent. int., tr. dor. (Capé.) 25 fr.

2598. **Guiffrey** (Georges). Poème inédit de Jehan Marot, publié d'après un manuscrit de la bibliothèque impériale, avec une introduction et des notes. Paris, Renouard, 1860, in-8, demi-chag. rouge, tr. jasp., figure. 5 fr.

2599. **Guiffrey**. L'Œuvre de Ch. Jacque. Catalogue de ses eaux fortes et pointes sèches. Paris, Mlle Lemaire, 1866, in-8, demi-chag. rouge, tr. jas. 10 fr.

Avec une eau-forte inédite.

2600. **Guigard** (Joannis). Les boites à quatre sols. Paris, 1866, brochure gr. in-8, pap. vergé (28 pages). 2 fr.

Tiré à petit nombre.

2601. **Guigou** (Victor). Le génie de l'art chrétien. Paris, Dentu, 1866, in-8 br. 1 fr. 50

2602. **Guillot** (Ad.). Paris qui souffre. La basse geôle du Grand Châtelet et les Morgues modernes. Avec une préface par Ern. Daudet. Paris, Rouquette, 1887, gr. in-8, demi-percal, tête jasp., n. rog., couv., figures. 7 fr.

2603. **Guinot** (Eugène). L'été à Bade. Paris, Furne et Bourdin. S. d., gr. in-8, percaline, orn. sur les plats, tr. dor. 6 fr.

Illustrations de Tony Johannot, Lainé, Français et Jacquemot.

2604. **Gynœciorum**. Sive de Mulierium of fectibus commentarii gracorum latinorum barbarum iam olim et sunc recens editorum in tres tomos digesti, et necessariis passim Imaginibus illustrati. Basileæ par Conradum Vualdkrich, 1576, in-4, veau, figures. 12 fr.

Mouillures et piqûres de vers. Très rare.

2605. **Halévy** (Lud.). La famille Cardinal. Calmann-Lévy, 1883, in-12 carré, cart., mar. rouge, n. rog., couv. (Carayon). 260 fr.

L'un des 50 exemplaires tirés sur papier de Japon. Exemplaire nº 23 enrichi sur les marges de 42 dessins originaux à la plume par Henri T. Hamel.

2606. **Hamilton**. Contes, publiés avec une notice de M. de Lescure. Paris, Jouaust, 1873, 4 part. en 2 vol. in-16, demi-mar. vert avec coins, tête dor., n. rog. (Petit-Simier). 15 fr.

Le Bélier. — Fleur d'épine. — Les quatre facardins. — Zeneyde.

2607. **Heat's**. Gallery of Bristih engravings. London, Longman Rees Brown, etc., 1836, 4 vol. gr. in-8, texte anglais et français, veau fauve, fil., tr. dor. (Lefèvre). 70 fr.

Exemplaire tiré sur papier vélin, contenant 216 planches gravées.

2608. **Hésiode**. Les Livres d'Hésiode, poète grec, intitulez les œuvres et les cours. Nouvellement traduictz de grec en françois par Richard le Blanc. Lyon, Jean de Tournes, 1547, in-12, veau fauve ancien, fil., tr. dor., 70 pages. 30 fr.

Edition rare.

2609. **Heures** de Nostre Dame, à l'usage de Rome, mises en françois par M. René Benoist et revueue par M. l'archevêque de Bourges. — Dévotes oraisons pour tous chrétiens et catholiques composées par le R. P. Caton. Paris, P. Le Faucheur, 1623, 2 part. en 1 vol. in-8, mar. vert, fil. à comp., milieux or et fermoirs, tr. dor. (rel. anc.). 250 fr.

2 vignettes aux titres, 29 fig. dont 12 pour le calendrier, grav. par E. Dauvel et 13 fig. ajoutées. Exemplaire au chiffre d'Anne d'Autriche. Deux A enlacés et surmontés de la couronne royale.

2610. **Heures** en latin et en français, in-24, veau ant. 350 fr.

Joli et curieux petit manuscrit du xve siècle sur vélin comprenant en tout 314 ff. et orné de 7 miniatures d'encadrements composés de branches de feuillages et d'environ 20 grandes lettres ornées en couleur sur fond d'or. Dans la première miniature on voit un enfant chevauchant sur une perche terminée par une tête de cheval sculptée et bridée, dans la seconde, représentant l'Annonciation à la Vierge, figurent des anges peints en camaïeu rouge et occupant tout le fond du tableau. Mais ce qui donne surtout de l'importance à ce manuscrit ce sont les nombreuses prières en français qu'il renferme et qui occupent près d'un quart du volume, elles sont en vers ou en prose. Ce volume a appartenu à la duchesse de Berry, et porte son écrit de sa main. Hauteur : 90 mill.

2611. **Hogarth**. Anecdotes of the celebrated Wm Hogarth, with an explanatory description of his works.

London, 1813, gr. in-8, demi-veau gris, n. rog. 8 fr.

2612. **Homère**. Iliade et l'Odyssée en grec. Londres, Pickering, 1831, 2 vol. in-18, mar. bleu, milieux dorés, tr. dor. (Capé). 30 fr.

Exemplaire en papier fin.

2613. **Hozier**. Armorial général ou registre de la noblesse de France par Louis Pierre d'Hozier et d'Hozier de Serigny, juge d'armes de France. Reproduction textuelle de l'édition originale de 1738-1768. Paris, 1866, 25 vol. in-4, br. 260 fr.

2614. **Huet** (évêque d'Avranches). Traité philosophique de la faiblesse de l'esprit humain. Amsterdam, H. Du Sauzet, 1723, in-12, mar. vert, jans., dent. int., tr. dor. (Thivet). 15 fr.

Très beau portrait.

2615. **Hugo** (Victor). Les Rayons et les ombres. Paris, Delloye, 1840, in-8, br., couv. 10 fr.

Edition originale.

2616. **Hugo** (Victor). Les feuilles d'automne, 12e édition. Paris, Delloye, 1841, in-8, br. 3 fr.

2617. **Hugo** (Victor). Les Burgraves, trilogie. Paris, Michaud, 1843, in-8, br., couv. 4 fr.

2618. **Hugo** (Victor). Odes et ballades. Paris, Michaud, 1843, 2 vol. in-8, br. couv. 6 fr.

2619. **Hugo** (Victor). Les Orientales. Paris, Michaud, 1844, in-8 br., couv. 3 fr.

2620. **Hugo** (Victor). Raconté par un témoin, 1802-1819. Paris, Lacroix, 1863, 2 vol. in-8, demi-chag. rouge avec coins. 6 fr.

Edition originale.

2621. **Hugo** (V.). L'Année terrible. Paris, M. Lévy, 1873, gr. in-8, demi-mar. rouge avec coins, tête dor., n. rog., dos orné. couv. (Bretault). 15 fr.

Illustrations de Léopold Flameng.

2622. **Hugo** (V.). La Fin de Satan. Paris, Hetzel et Quantin, 1886, in-8, br.. n. coupé. 4 fr.

1re édition.

2623. **Hypnerotomachia di poliphilo**, cioe pugna d'amore in sogno. Dov' egli mostra, che tutte le cose humane non sono altro che sogno : et dove narra molt' altre cose degne di cognitione. Ristampato di novo et riccorretto con somma diligentia, a maggior commodo de i lettori. In Venetia. M. D. XXXXV. (A la fin :) In Vinegia, in casa de' figliuoli di Aldo, nell' anno M. D. XLV (1545), in-fol. de 234 ff. non ch., fig. sur bois, vélin blanc, milieux dorés, tr. dor., ciselée. 500 fr.

Deuxième édition, contenant les mêmes figures que l'édition originale.
Bel exemplaire, dans sa reliure primitive.
La figure de « Priape » est intacte.

2624. **Iconographie** des estampes à sujets galants et des portraits de femmes célèbres par leur beauté par M. le Cte de J***. Genève, Gay et fils, 1868, in-8, br. 25 fr.

Tiré à 300 exemplaire numérotés.

2625. **Imitatione** christi (De) libri quatuor. Gratianopoli typis A. Giroud, 1752, in-32, mar. rouge, fil., tr. dor., (rel. anc.). 20 fr.

Signature de Bure.

2626. **Inconstant** (l') puni par l'inconstance. Londres, 1754, 2 parties en 1 vol. in-12, demi-mar. violet av. coins, tr. dor. (Petit Simier). 5 fr.

Joli volume avec titres gravés.

2627. **Janin** (Jules). Les Amours du chevalier de Fosseuse. Paris, Miard, 1867, in-12, broché. 2 fr.

2628, **Jaume St-Hilaire.** Traité des arbrisseaux et des arbustes cultivés en pleine terre. A Paris, chez l'auteur, 1825, 2 vol. in-4, demi-rel. chag. vert, n. rog. 100 fr.

176 planches coloriées.

2629. **Jesu** Christi dii domini salvatoris mi infantia, pet. in 4, fig. en taille-douce, parchemin. 80 fr.

Suite de 12 charmantes figures, y compris le front., gravées avec une extraordinaire finesse, par J. Wierix.

2630. **Jobert.** La science des médailles pour l'instruction de ceux qui commencent à s'appliquer á la connaissance des médailles antiques et modernes. Paris, Ant. Dezallier, 1695, in-12, veau, dos orné. 3 fr.

2631. **Journal** des missions évangéliques. Paris, 1851, à 1878 inclus. 28 vol. in-8, demi-vélin blanc avec coins. 30 fr.

2632. **Jousselin** (Henri). Nos petits rois, fables et poésies enfantiles. Paris, Garnier, 1877, gr. in-8, br. 3 fr.

Illustrations de G. Doré, Bertall et Yan Dargent.

2633. **Junquières.** Caquet-Bonbec. La Poule à ma tante, poëme en sept chants. A Paris, chez Renard, 1802, in-12, v. rac. dent. 15 fr.

Ouvrage burlesques et anti-religieux.
Exemplaire réglé.

2634. **Juvenalis**, Persius Venetiis in ædibus Aldi mensœ Augusto, 1501, in-8, mar. vert, fil., dent. sur les plats, tr. dor., dos orné. (Bozérian jeune). 70 fr.

1re édition, sans date, très rare, sans chiffres, sans l'ancre Aldine, et avec la souscription en lettres italiques. Bel exemplaire.

2635. **La Barre de Beaumarchais.** Le Temple des muses orné de LX tableaux où sont représentés les événements les plus remarquables de l'antiquité fabuleuse, dessinés et gravés par B. Picart, Le Romain, et accompagnés de descriptions et de remarques. Amsterdam, Zacharie, Chatelain, 1733, in-fol. pl. mar. r., dos orné, fil.. tr. dor. (Rel. anc.). 75 fr.

Feuillets jaunes.

2636. **La Borde** (Alex.). Description des nouveaux Jardins de la France et de ses anciens châteaux. Paris, imprimerie Delance, 1808, in-fol., demi-rel., veau brun, n. rog. 120 fr.

Très bel exemplaire contenant 122 planches gravées.

2637. **La Chambre** (le Sr de). L'Art de connoistre les hommes. Amsterdam, chez Jacques le jeune, 1660, in-18, mar. rouge, jans., dent. int., tr. dor. (Capé). 20 fr.

Titre-frontispice gravé. Joli petit volume.

2638. **Lacroix** (Paul). 8 vol. in-4, demi-chag. rouge, plats toile, tr. dor. (état de neuf). Chaque vol. 20 fr.

Comprenant : Les arts au moyen-âge. — Mœurs, usages et costumes au moyen-âge. — Vie militaire et religieuse. — Sciences et lettres au moyen-âge. — XVIIe siècle, Institutions. — XVIIe siècle. Lettres et sciences. — XVIIIe siècle, Institutions. — XVIIIe siècle. Lettres.

2639. **La Fontaine.** Contes et nouvelles en vers. Lyon, Scheuring, imprimerie Perrin, 1874, 2 vol. in-8, port., vign. et culs-de-lampe, br., papier teinté. 45 fr.

2640. **La Fontaine.** Figures des contes de la Fontaine, gravées par Martial d'après les dessins de Fragonard. Paris, Rouquette, in-fol. en ff. 100 fr.

Suite de 57 figures. 3e état à la pointe sèche.

2641. **La Fontaine.** Fables. Paris. Garnier, 1859, gr. in-8, vélin blanc. tr. jasp. 12 fr.

Illustrations de Grandville.

2642. **Lance** (Adolphe). Excursion en Italie. Aix-les-Bains, Chambéry, Turin, Navarre, Milan, Brescia, Vérone, Padoue, Venise, Murano, Tarcella, le lac Majeur, le lac de Côme. Paris, Bance, 1859, in-8, br., n. coupé. 3 fr.

2643. **La Perrière** (Guil. de). Le Théâtre des bons engins auquel sont contenus cent emblèmes moraux. Composé par Guil. de La Perrière, Tolosain et nouvellement par iceluy, liure reveu et corrigé. Paris, Denys Janot, 1539, in-8, fig. sur bois, encadrements, veau fauve. 250 fr.

Illustré de fines gravures sur bois de style parisien attribuées à Geoffroy Tory. Exemplaire de la bibliothèque de Lurde dont il porte l'ex-libris.

2644. **La Pierre** (de). Le grand empire de l'un et de l'autre monde divisé en trois royaumes, le royaume des aveugles, des borgnes et des clair-voyants, le tout enrichi de curieuses inventions et traits d'éloquence françaises. Paris, Denis Moreau, 1630, in-8, demi-maroq. violet av. coins, tr. dor. (Petit-Simier). 10 fr.

Ouvrage très rare avec figures en taille-douce.

2645. **La Villemarqué** (de). Bazas-Breiz. Chants populaires de la Bretagne. Paris, Delloye, 1839, 2 vol. in-8, demi-veau vert. 20 fr.

Ouvrage rare avec des planches de musique.

2646. **Lebeuf.** Histoire de la prise d'Auxerre par les Huguenots et de la délivrance de la même ville, les années 1567 et 1568. A Auxerre, chez Jean-Baptiste Troche, 1723, in-12, veau. 30 fr.

Un des ouvrages les plus rares de ce savant laborieux. Notre exemplaires contient les pièces justificatives qui manquent souvent.

2647. **Le Carpentier** (Aristide). Contes, fables. Paris, Ledoyen, 1856-57, 3 vol. in-8, br. 5 fr.

Illustrées par Alfred Lemoine. Envoi d'auteur à M. Du Sommerard.

2648. **Lecocq** (Georges). Notes et documents sur Fournier-Tinville. Paris, Jouaust, 1885, gr. in-8, demi-percal., n. rog., couv. 2 fr. 50

2649. **Legouvé** (Gabriel). Le Mérite des femmes, poëme, 5e édition revue et augmentée. Paris, Didot, an IX, in-12, demi-veau rose. 3 fr.

Figure de Duplessis-Bertaux.

2650. **Legros.** Livre d'estampes de l'art de la coiffure des dames françaises, gravé sur les dessins originaux d'aprés mes accommodages avec le traité en abrégé d'entretenir et conserver les cheveux naturels. Paris, aux Quinze-Vingts, 1765, pet. in-4, fig., veau marb. 400 fr.

Ouvrage très rare, orné de 34 planches de têtes de femmes avec coiffures d'après les dessins de l'auteur. La plupart de ces figures sont coloriées de l'époque. On a joint à l'exemplaire les deux pièces suivantes : Déclaration du Roy qui ordonne que les coiffures de femmes au nombre de 600 seront agrégés à la commune des Maîtres-Barbiers-Perruquiers, 1777, 4 pages in-4 et une étiquette gravée du temps à la perle des Mouches de la bonne faiseuse avec des mouches collées au revers.

2651. **Lemay** (Gaston). A bord de la Junon. Paris, Charpentier, 1881, gr. in-8, br., couv. 10 fr.

1re édition illustré de plus de 100 dessins inédits.

2652. **Le Pays**. Amitiez, amours et amourettes, ou lettres galantes avec l'histoire de Zelotide. Paris, Ch. de Sercy, 1701, in-12, veau, front. 4 fr.

2653. **Le Sage**. Histoire de Gil Blas de Santillane. Dernière édition, revue et corrigée. A Paris, par les libraires associés, 1747, 4 vol. in-12, figures, mar. rouge, fil., dos ornés, dent. int., tr. dor. (Trautz-Bauzonnet). 400 fr.

Dernière édition, et la meilleure, publiée par Le Sage.

2654. **Lesage**. Le Diable boiteux, précédé d'une notice sur Lesage, par Jules Janin. Paris, Bourdin, 1842, gr. in-8 cart., ébarbé. 6 fr.

Nombreuses vignettes sur bois ; légers raccommodages à quelques feuillets.

2655. **Lesage**. Œuvres. Paris, F. Didot, 1868, gr. in-8, demi-chag. vert, piqûres. 3 fr.

Portrait et 7 figures.

2656. **Levaillant**. Histoire naturelle des perroquets. Paris, Levrault, 1801, 2 vol. in-4, pap. vélin. veau viol., tr. marb. 200 fr.

139 planches coloriées.

2657. **Le Verrier de la Conterie**. Bibliothèque historique et critique des théreuticographes. Rouen, Lallemant, 1763, in-8, bas. marb. 10 fr.

Ce volume fait suite à la vénerie normande.

2658. **Livre** du roy Modus et de la royne Racio (Le). Nouvelle édition conforme aux manuscrits de la Bibliothèque royale, ornée de gravures faites d'après les vignettes de ces manuscrits fidelement reproduites, avec une préface de Elzéar Blaze. Paris, Elzéar Blaze, 1839, gr. in-8, pap. de Hollande, fig., chag. vert, dos orné de cerfs, plats semés de faucons et de chiens, fil., tr. dor. 120 fr.

Jolie édition rare, imprimée en caractères gothiques, ornée de vignettes gravées sur bois tirés des anciens manuscrits. On a relié à la suite : « Découverte bibliographique. » « Le Livre du roy Modus et de la royne Racio, par Alphonse Chassant. Paris, Aubry, 1870, 12 pp. papier de Hollande.

2659. **Livre** (Le) du très chaleureux comte d'Artois et de sa femme fille au comte de Boulogne. Paris, 1837, car. gothique, in-4, demi-veau viol., tête dor., n. rog. (Vogel). 16 fr.

Planches hors texte. Réimpression faite à très petit nombre.

2660. **Longus**. Les amours pastorales de Daphnis et Chloé. S. l., 1731, in-12, veau marb., fil., tr. dor., dos orné. 15 fr.

Front. et nombreuses figures.

2661. **Loyal Serviteur**. Histoire du gentil Seigneur de Bayard. Edition rapprochée du Français moderne avec une introduction, des notes et des éclaircissements. Paris, Hachette, 1882, gr. in-8, demi-chag. rouge, plats toile, tr. dor. (rel. de l'éditeur.) 18 fr.

Contenant 8 planches, 3 titres, 1 carte, 1 portrait, 34 grandes compositions et 187 gravures dans le texte.

2662. **Lucas de Leyde**. Œuvre de Lucas de Leyde. Reproduit et publié par Amand Durand, texte par Duplessis. Paris, s. d., in folio avec 174 planches en portef. 110 fr.

Bel exemplaire publié à 250 fr., état de neuf.

2663. **Magnin** (Ch.). Causeries et méditations historiques et littéraires. Paris, Duprat, 1843, 2 vol. in-8, demi-mar. vert, tête dor., n. rog., dos orné. (Kœhler). 10 fr.

2664. **Maizeroy** (René). La Fête. Paris, Ollendorff, 1893, in-12, demi-mar. vert avec coins, tête dor., dos orné, non rogné. 400 fr.

Exemplaire en papier de Hollande avec 112 aquarelles originales par Penot.

2665. **Marche** de Cavalli, s. l., n. d. (Venetia, 1589), très pet. in-12, vél. 45 fr.

Suite de 86 planches, non compris le frontispice (qui est avant la lettre), représentant les marques des chevaux des plus fameuses écuries du XVIe siècle. — Exemplaire dans sa première reliure.

2666. **Maréchal** (Sylvain). Costumes civils actuels de tous les peuples connus, dessinés d'après nature, gravés et coloriés, accompagnés de notices historiques. Paris, Deterville.

s. d., 4 vol. in-8, veau marb., dent. tr. dor. 120 fr.

297 planches coloriées.

2667. **Marillier.** Nouveaux trophées ou cartouches représentant les arts et les sciences, composés avec les attributs qui les caractérisent. Paris, s. d., in-fol., cart. 50 fr.

Titre et 12 planches gravées.

2668. **Marot** (Clément). Œuvres de Clément Marot, de Cahors, valet de chambre du Roy. A la Haye, chez Adrian Moetjens, 1700, 2 vol. in-12, veau viol., tr. dor., port. 40 fr.

2669. **Marottes** à vendre ou Triboulet tablettier, dont la gibecière, après avoir été égarée pendant plusieurs siècles, nous est enfin heureusement parvenue munie d'un rare assemblage de hochets, breloques, colifichets et babioles de toutes espèces, etc., etc. Au Parnasse burlesque (Londres, 1812), in-12, mar. vert, fil. à froid, dent. int, tr. dor. (Duru). 15 fr.

Recueil renfermant des extraits d'ouvrages rares, en vers et en prose.

2670. **Marques d'honneur** (les) de la maison de Tassis. A Anvers, de l'imprimerie Plantinienne, 1645, in-fol., veau. 50 fr.

Nombreux blasons et planches se dépliant aux armes du président Seguier. Bel exemplaire.

2671. **Martin** et **Larcher**. Anthologie satirique. Le mal que les poètes ont dit des femmes. Paris, Hetzel, 1858, in-12, demi-chag. vert, plats toile. 3 fr.

2672. **Mary Lafon.** Rome ancienne et moderne. Paris, Furne, gr. in-8, broché, couv. 12 fr.

Nombreuses gravures.

2673. **Mélanges** de littérature et d'histoire recueillis et publiés par la société des bibliophiles françois. Notice sur M. le Roux de Lincy. — Note sur le plan de Gomboust. — Une entrevue de mariage sous Louis XIV. — Les salons de Paris vers la fin du règne de Louis XIV. — Le fauconnier parfait ou méthode pour dresser et faire voler les oiseaux, par de Boissoudan. — Mémoire sur le vin de Champagne. Paris, 1867-1877, 2 vol. in-8 br., papier vergé. 10 fr.

2674. **Mélanges** de littérature et d'histoire recueillis et publiés par la société des bibliophiles françois. Notice sur M. Le Roux de Lincy. — Les enseignes de Paris, par le comte Clément de Ris. — Note sur le plan de Gomboust. — Lettre autographe de madame Geoffrin. — Instruction pour le Vidame de Chartres. — Lettre d'André Thevet. — Choix de lettres françaises inédites de De Thou. — État des distributions des présens de la corbeille de Mme la Dauphine. — Une entrevue de mariage sous Louis XIV. Paris, 1877, 1 vol. in-8, br., papier vergé de Hollande. 12 fr.

2675. **Méténier** (Oscar). Zézette. Mœurs foraines. Paris, Charpentier, 1891, in-12, demi-mar. citr. avec coins, tête dor., n. rog. (Bretault). 300 fr.

Exemplaire sur papier de Hollande auquel on a ajouté 104 aquarelles originales par Penot.

2676. **Meunier de Querlon.** Mémoires de M. de ***, pour servir à l'histoire du dix-septieme siecle, publiés pour la premiere fois [par Meusnier de Querlon]. A Amsterdam, chez Arkstée et Merkus [Paris], 1760. 3 vol. pet. in 8, mar. vert, fil., dos ornés, tr. dor. (Rel. anc.) 50 fr.

2677. **Michel** (Et.). Traité du citronnier. Paris, A. Bertrand, 1816, gr. in-fol. pap. vélin, demi-rel. veau fauve, n. rog. 50 fr.

Contenant 21 planches coloriées.

2678. **Millevoye.** Œuvres complètes dédiées au roi. Paris, Ladvocat, 1822, 4 vol. in-8, veau rose, orn. à froid sur les plats, dent. int., tr. dor. (Thouvenin). 70 fr.

Très bel exemplaire à la suite des figures de Déveria on a joint les eaux-fortes.

2679. **Moinet.** Nouveau traité d'horlogerie, pour les usages civils et astronomiques. 2e édition. Paris, Dutertre, s. d., 2 vol. gr. in-8, demi-veau. 16 fr.

50 pl. gravées.

2680. **Molière.** Le malade imaginaire. Comédie meslée de musique et de dance. A Cologne, chez Jean Sambix, 1674, in-12 vél. 50 fr.

Edition qui a paru en même temps que la 1re. Haut. 140 mil. Exemplaire fatigué.

2681. **Monselet** (Ch.). Monsieur de Cupidon. Aristide Chamois. Paris, V. Lecou, 1854, in-12, perc. n. rog. 5 fr.

2682. **Monselet** (Ch.). Les Oubliés et les Dédaignés. Figures littéraires de la fin du XVIIIe siècle. Alençon, Poulet-Malassis, 1857, 2 tomes en 1 vol. in-12, demi-veau. 10 fr.

2683. **Monselet** (Ch.). Portraits après

décès, avec lettres inédites et fac-simile. Paris, Faure, 1866, in-12 percal., tête jasp., n. rog., couv. 4 fr.

2684. **Monselet** (Ch.). Panier fleuri, prose en vers. Paris. Bachelin, 1873, in-12 demi-percal., tête jasp., n. rog. couv. 4 fr.

2685. **Monselet** (Ch.). Le Petit Paris. Tableaux et figures de ce temps. Paris, Dentu, 1879, in-12, demi-percal. n. rog., couv. 4 fr.

2686. **Monselet** (Ch.). Encore Un !... Paris, Frinzine, 1885, in-12 percal., tête jasp., n. rog., couv. 3 fr.

2687. **Montaigne.** Les Essais. Nouvelle édition enrichie et augmentée de la vie de l'auteur et deux tables, l'une des chapitres et l'autre des principales matières. Amsterdam, Ant. Michiels, 1659, 3 vol. in-12, front. gravé, mar. olive, fil. tr. dor. (rel. anc.) 100 fr.

Bel exemplaire provenant de Vernon Utterson de cette édition recherchée.

2688. **Monteil** (Alexis). Description du département de l'Aveyron. Paris, chez Fuschs et Desenne, an X. 2 parties reliées en 1 vol. in-8, veau fil. tr. dor. 10 fr.

Carte et 3 figures.

2689. **Montesquieu**. Le Temple de Gnide (suivi de Arsace et Isménie), par Montesquieu. A Paris, de l'imprimerie de Didot l'aîné, an III (1705), in-12, fig., mar. vert, dos orné, enc. de fil., tr. dor. (Bozérian). 250 fr.

Exemplaire en grand papier vélin ; portrait de Montesquieu par Saint-Aubin sur le titre, et 12 figures par Regnault et Le Barbier, avant la lettre.

2690. **Montesquieu**. Le Temple de Gnide, suivi d'Arsace et Isménie. Nouvelle édition avec figures d'Eisen. et de Le Barbier, gravées par Le Mire, préface par O. Uzanne. Paris, Lemonnyer, 1881, gr. in-8 br., papier de Hollande. 12 fr.

Publié à 30 fr.

2691. **Moriae encomium**, stultitiae laus. Des Erasmi Rot. declamatio cum commentariis Ger. Listrii, et figuris. Jo. Holbenii. E. codice academiae Basiliensis. Basilae typis Genathianis, 1676, in-8, vélin blanc (rel. anc.) 40 fr.

Dessins de Holbein, gravés en fac-simile par G. Mérian. On y trouve en outre, les portraits d'Erasme et de Holbein.

2692. **Morice** (Dom) et dom **Taillandier**. Histoire ecclésiastique et civile de Bretagne. Guingamp, 1835, 22 vol. in-8, rel. basane, figures et blasons. 65 fr.

2693. **Murailles** (Les) révolutionnaires. Collection complète des proclamations, professions de foi, affiches, bulletin de la République, fac-simile de signature (Paris et les départements). Paris, Bry, 1848, in-4, demi-chag. 4 fr.

Tome 1er seul.

2694. **Murphy**. Voyage en Portugal, dans les années 1789 et 1790, trad. de l'anglais (par Lallemant). Paris, 1797, 2 vol. in-8, fig., demi-rel., dos et coins de mar. r., non rognés. (Petit.) 14 fr.

Exemplaire en papier vélin fort.

2695. **Musée** (Le) artistique et fort. Revue hebdomadaire illustrée. Paris, A. Ballue, 1879-1881, 3 années en 6 vol. in-4, fig. cart. demi-perc. non rog. 25 fr.

Années I-III.

2696. **Musée des Deux-Mondes**. Reproductions en couleur de tableaux, aquarelles et pastels des meilleurs artistes. Paris, Bachelin-Deflorenne, s. d., 6 vol in-4, cart. percal., rel. fers spéciaux, tr. dor. 30 fr.

2697. **Musée français** (Le), recueil complet des tableaux. statues et bas-reliefs qui composent la collection nationale, avec l'explication des sujets, des discours historiques sur la peinture, la sculpture et la gravure, par S.-C. Croze-Magnan, publié par Robillard-Peronville et Laurent. Paris, imprimerie de L.-E. Herhan, 1803, 4 vol. in-fol. max., 344 planches, demi-rel. mar. rouge, non rog. 500 fr.

Bel exemplaire.

2698. **Nervèze.** Le Triomphe de la constance ou sont descriptes les amours de Cloridon et de Mellislore. Paris, Ant. Du Breuil. 1601, in-12, mar. bleu, fil. dent. int., tr. dor., dos orné. (Hardy.) 40 fr.

Bel exemplaire. Haut. 133 mil.

2699. **Nodier** (Charles). Description raisonnée d'une jolie collection de livres. Nouveaux mélanges tirés d'une petite bibliothèque. Paris, Techener, 1844, gr. in-8, demi-chag. vert, avec coins, fil. dos orné. (Capé.) 60 fr.

Bel exemplaire sur grand papier avec la table des auteurs et la liste des prix d'adjudication imprimée.

2700. **Offices** de l'église, en latin et en françois, contenant l'office de la Vierge pour toute l'année, l'office des dimanches et des fêtes, etc. Paris, veuve de Hansy, 1723, in-8, fig., mar. lavall. dent., doublé de tabis, dos orné, tr. dor. (rel. anc.). 40 fr.

2701. **Ovide**. Les Quinze livres de la Métamorphose interpretez en rime françoise, selon la phrase latine, par François Habert d'Yssouldun en Berry. Nouvellement enrichiz de figures non encore par cy devant imprimées. Paris, Hiérosme de MarTef et Guillaume Cavellat, 1574, in 16, fig. sur bois, mar. grenat, dos orné, fil. tr. dor. (Champs.) 40 fr.

2702. **Passio** domini nostri Jesu Christi. Pet. in-4, fig. en taille douce, parchemin. 60 fr.

Suite de 18 planches gravées par J. Wierix.

2703. **Passio** domini nostri Jesu-Christi neo coclatis iconibus expressa. Augsbourg, 1693, in-4, mar. noir ornem. à fr. et dor. sur les plats, tr. dor. (rel. anc.) 100 fr.

Bel exemplaire de la célèbre Passion de Sandrart, gravée par Ch. Weigel.

2704. **Patin** (Charles). Histoire des médailles ou introduction à la connoissance de cette science. Paris, veuve Mabre Cramoisi, 1695, in-12, veau. 4 fr.

Frontispice et figures.

2705. **Pavillon**. Œuvres. A La Haye, chez H. Du Sauzet, 1715, in-12 veau. 3 fr.

Vignette sur le titre de Bernard Picart.

2706. **Pellico Silvio**. Mes prisons. Mémoires de Silvio Pellico de Saluges. Paris, Fournier, 1833, in-8, demi-veau. 4 fr.

2707. **Pellico** (Silvio). Des devoirs des hommes. Paris, Fournier, 1834, in-8, demi-veau bleu. 4 fr.

2708. **Perey** (Lucien). Un petit neveu de Mazarin, Louis-Jules-Henri-Barbon. Mancini-Mazarini. Paris, Lévy, 1890, in-8, br. port. 4 fr.

2709. **Phaedri** fabulae et publii syri sententiæ. Parisiis, typographia Regia, 1729, in-18, mar. lavall., tr. dor. (Thouvenin.) 20 fr.

Frontispice de Simonneau.

2710. **Picta** poésies. Ut pictura poesies erit (auctore B. Aneau). Lugdini, Math. Bonhomme, 1552, pet. in-8, mar. rouge, dos et plats ornés à pet. fers, dent. intér., tr. dor. (Allo.) 100 fr.

Superbe exemplaire de ce joli volume enrichi de 106 gravures sur bois attribuées à Bernard Salomon, dit le petit Bernard.

2711. **Pictet** (Adolphe). Une Course à Chamounix. Conte fantastique. Paris, B. Duprat, 1838, in-8, demi-mar. vert, tête dor. n. rog. (Raparlier.) 40 fr.

Exemplaire de Ch. Asselinean.

Voyage de Litz et G. Sand en Suisse. 1re édition. Très rare.

2712. **Pidansat de Mairobert**. L'Espion anglois, ou Correspondance secrète entre milord All'eye et milord All'ear. Londres, J. Adamson, 1785-1786, 10 vol. in-12, demi-rel. mar. La Vall. jans. avec coins, tr. marb. (Pouget.) 40 fr.

Bel exemplaire.

2713. **Piganiol de La Force**. Nouvelle description des châteaux et parcs de Versailles et de Marly, contenant une explication historique de toutes les peintures, tableaux, ornements, etc. Paris, Cavelier, 1751. 2 vol. in-12 veau marb. 12 fr.

2714. **Poésies** (Les) du roy de Navarre, avec des notes et un glossaire françois ; précédées de l'histoire des révolutions de la langue françoise. Paris, Guérin, 1742, 2 vol. in-12 veau marb., figures. 15 fr.

2715. **Pougin** (Arthur). Bellini, sa vie, ses œuvres. Paris, Hachette, 1868, in-12, portr., mar. bleu, fil., dos orné, dent. intér., tr. dor. (Petit.) 30 fr.

2716. **Préfontaine**. La Diane des bois. Rouen, 1632, in-8, mar. rouge jans., dent. int., tr. dor. 30 fr.

Très beau frontispice gravé.

2717. **Quatre heures de la** (Les) toilette des dames. Poème érotique en quatre chants, dédié à S. A. la princesse de Lamballe par M. de Favre. Paris, Bastien, 1779, gr. in-8, front., fig. et culs de lampe, par Leclerc, demi mar. rouge, avec coins, tête dor., dos orné, n. rog. (allô). 150 fr.

Bel exemplaire sur grand papier de Hollande.

2718. **Quesné**. Les Intrigues du jour, ou quatre tableaux de nos mœurs, suivies d'un tableau sans intrigue. A Paris, chez Rosa, 1820, in-12, demi-veau, n. rog. 3 fr.

Frontispice.

2719. **Quinault**. La Mere coquette, ou les Amans broüillez. Comedie par Monsieur Quinault A Paris, chez Guillaume de Luynes, 1666. In-12, mar. rouge, fil., dos orné, dent. int., tr. dor. (Trautz-Bauzonnet.) 35 fr.

Seconde édition originale. Hauteur : 147 millimètres.

2720. **Quinti** horatii flacci carmina. Parisiis, typis, J. Barbou, 1775, in-8, mar. bleu, tr. dor. 25 fr.

Frontispice de B. Picart. Belle reliure de Thouvenin.

2721. **Quinti Horatii** flacci opera omnia recensuit Filon in regio Ludovici magni collegia professor. Parisiis, A. Mesnier, 1828, in-32, mar. viol., n. rog. 10 fr.

2722. **Quinze** (Les) joyes du mariage, ouvrage très ancien, auquel on a joint le Blason des fausses amours, le Loyer des folles amours et le Triomphe des Muses contre Amour. La Haye, de Rogissart, 1734, in-12 veau. 12 fr.

2723. **Rabaut**. Précis historique de la Révolution française. Assemblée constituante. Paris, Treuttel et Würtz. 1807, in-18, avec 6 gravures d'après les dessins de Moreau le jeune. — Lacretelle. Précis historique de la Révolution française : Assemblée législative, Convention, Directoire. Paris, Onfroy, an IX (1801)-1806, 5 vol. in-18, avec figures par Duplessis-Bertaux. Ensemble 6 vol. in-18, demi-rel. mar. rouge, dos et coins, tête dor., non rognés. 40 fr.

2724. **Rabelais**. Œuvres, publiées sous le titre de faits et dits du géant Gargantua et de son fils Pantagruel. S. l., 1732, 6 vol. pet. in-8, veau marb., tr. rouges, figures. 50 fr.

Exemplaire en grand papier.

2725. **Rabelais**. Œuvres, précédées d'une notice historique sur la vie et les ouvrages de Rabelais, augmentée de nouveaux documents, par J. Bry, 1854, gr. in-8, br. couv. 40 fr.

Illustrations de Gust. Doré.

2726. **Racine**. Œuvres. Paris, chez Pierre Trabouillet, 1687, 2 vol. in-12, front. et fig. — Esther, tragédie, tirée de l'Escriture Sainte. A Paris, chez Denys Thierry, 1689, in-12. fig. — Athalie, tragédie, tirée de l'Ecriture Sainte. A Paris, chez Denys Thierry, 1692, in-12, fig. — Ensemble 4 tomes en 3 vol. in-12, mar. viol., dos ornés, fig. à comp. dent. int., tr. dor. (Simier.) 200 fr.

Edition recherchée, la première qui renferme Phèdre et le Discours à l'académie, elle est complétée par les tragédies de Esther et Athalie en éditions originales.

2727. **Racine**. Œuvres. Paris, Denys Thierry, 1702, 2 vol. in-12, mar. rouge, fil., tr. dor., figures (rel. anc.). 75 fr.

Exemplaire aux armes du duc de La Feuillade et de Marie-Thérèse de Chamillard, sur le dos.

2728. **Recueil** de lettres galantes et amoureuses d'Héloïse à Abailard, d'une religieuse portugaise au chevalier Bouton avec celles de Cléante et de Bélise et leur réponse, le tout nouvellement recueilli et compile. A Amsterdam, chez F. Ruger, 1699, in-12, veau. 5 fr.

2729. **Recueil** de plusieurs pièces servans à l'histoire moderne. A Cologne, chez Pierre du Marteau, 1663, in-12, v. f., ant. fil. tr. dor. 15 fr.

Discours d'une trahison tramée contre le roi Henri IV en l'an 1604. — Négociations faites à Milan avec le feu prince de Condé en 1609. — La Retraite de Monsieur en Flandres, et son retour, etc.

2730. **Redouté**. Les Liliacées décrites par M. de Candolle. Paris, l'auteur, 1802-1816, 8 vol. in-fol., demi-rel. mar. chag. rouge, n. rog. 600 fr.

Très bel exemplaire contenant 486 planches coloriées.

2731. **Redouté**. Les Roses peintes et décrites selon leur ordre naturel par Cl. Ant. Thory. Paris, Imprimerie de Firmin-Didot, 1817-1824, 3 vol. in-fol. demi-rel. cuir de Russie, non rognés. 350 fr.

Ouvrage de la plus grande beauté et est orné de 170 planches représentant les différentes espèces de roses reproduites avec une grande perfection.

2732. **Regis de la Colombière**. Les Cris populaires de Marseille. Marseille, Marius Lebon, 1868, in-8, demi-mar. bleu. 6 fr.

2733. **Regnard**. Œuvres complètes. Nouvelle édition augmentée de deux pièces inédites, précédée d'une introduction d'après des documents entièrement nouveaux, par M. Edouard Fournier. Paris, Laplace, Sanchez et Cie, 1875, gr. in 8, demi-ch. vert, pl. toile, tr. dor. 10 fr.

Portraits en pied, coloriés, dessinés, par E. Bayard et Maurice Sand et d'un fac-simile de l'écriture de l'auteur. Autographe de l'auteur à Ch. Monselet.

2734. **Regnard** (J.-F.). Voyage de Normandie, préface par G. Bourbon, illustrations de Ch. Denet. Evreux, Hérissey, 1883, in-32, br. couv. 8 fr.

Exemplaire sur papier du Japon avec les illustrations en couleur.

2735. **Regnier**. Œuvres contenant ses satyres et autres pièces de poésie. Amsterdam, 1710, in-12 vélin. 7 fr.

Très rare, curieux frontispice.

2736. **Regnier**. Satyres et autres œuvres accompagnées de remarques historiques. Londres, J. Tonson, 1733, in-4, mar. bleu, fil., tr. dor., dos orné (rel. anc.). 50 fr.

Frontispice, texte encadré.

2737. **Rembrandt**. L'œuvre de Rembrandt. Catalogue de toutes les estampes du maître et de ses peintures. Paris, Lévy, 1873, 2 vol. in-4, br. 85 fr.

Orné de 40 eaux-fortes de Flameng et de 35 heliogravures d'Amand Durand.

2738. **Rembrandt**. Œuvre de Rembrandt, reproduit et publié par Amand-Durand. 3 vol. in-folio et atlas gr. in-folio, contenant 350 planches en portef. 250 fr.

Bel exemplaire publié à 450 fr.

2739. **Requeste**, procès-verbaux et advertissemens faits à la diligence de M. le recteur et par ordre de l'Université, pour faire condamner une doctrine pernicieuse et préjudiciable à la société humaine et particulièrement à la vie des rois, enseignée au collège de Clairmont, détenu par les Jésuites à Paris. Imprimez... chez Julian Jacquin, à Paris, 1644, in-8, mar. olive. jans., dent. int., tr. dor. (Capé, Masson-Debonnelle.) 25 fr.

Livre très curieux relatif à la doctrine enseignée par les Jésuites dans le collège de Clairmont, à Paris. Le chapitre attaqué ici est celui du Cas de conscience, expliqué d'une façon toute particulière par le Père Airault, lecteur de la Théologie Morale.

Le volume comprend : Une requête adressée au Parlement par M. du Moustier, recteur de l'Université, 20 pp. — Deux procès-verbaux dressés à la requête de M. Louis de Sainct-Amour par un commissaire du Châtelet, relatant la saisie des cahiers chez deux Jésuites, les Pères Vallée et Lavalle, 14 et 39 pp. — Deux Avertissements ou Dissertations très savantes des recteurs de l'Université, 93 et 177 pp.

2740. **Restif de la Bretonne**. La Femme dans les trois états de Fille, d'Épouse et de Mère. La Haye, 1773, 3 parties en 1 vol. in-12, demi-rel. mar. vert avec coins, dos orné, fil., tr. dor. (Petit-Simier). 16 fr.

Contrefaçon de la première édition. (P. Lacroix, p. 114.)

2741. **Restif de la Bretonne**. Les Beaux Rêves : Ier. Idée d'une fête intéressante ; IIe. La Panacée, ou le Préservatif, par M. R. D. L. B. (Restif de La Bretonne). A Plutonopolis, 1774, in-12, de 50 pp. demi rel. mar. La Vall. avec coins, dos orné. fil., tr. dor. (Petit-Simier). 10 fr.

A la suite de cet ouvrage, tirage à part d'un fragment des « Nouveaux Mémoires d'un Homme de qualité », se trouve : « Contes, poème, épithalame, Réflexions sur l'Ambigu-Comique, Vers et couplets, suivi du Conte et proverbe Il recule pour mieux sauter ou le Carosse de Voiture ». La Haye, 1774, réunion de pièces avec pagination séparée qui ne sont pas toutes de Restif. Le « Proverbe » a même un titre particulier daté de 1772. (P. Lacroix, p. 120.)

2742. **Revue** des Deux-Mondes, années 1831 à 1885, formant 351 vol. in-8, demi-rel. veau fauve. 1800 fr.

Très bel exemplaire.

2743. **Riccoboni** (Mme). Lettres de la comtesse de Sancerre. A Paris, de l'imprimerie de Didot l'aîné, 1780, 2 tome en 1 vol. in-18, mar. vert, fil., tr. dor. (Rel. anc.) 12 fr.

De la collection du comte d'Artois. Exemplaire papier fin.

2744. **Richard-Desaix** (Ulric). La Relique de Molière du cabinet du baron Vivant Denon. Paris, 1880, gr. in-8, br. 3 fr.

Portrait du baron Vivant Denon dessiné et gravé à l'eau-forte par lui-même.

2745. **Riencourt** (Cte de). Les militaires blessés et invalides, leur histoire, leur situation en France et à l'étranger. Paris, 1875, 2 vol. in-8. br. 4 fr.

2746. **Roberston**. L'Histoire du Regne de l'Empereur Charles-Quint. Précédé d'un tableau des Progrès de la Société en Europe, depuis la destruction de l'empire Romain jusqu'au commencement du seizième siècle. Par M. Roberston, ouvrage traduit de l'Anglois [par Suard]. A Amsterdam ; et se trouve A Paris, chez Saillant et Nyon. 1771. 2 vol. in-4, mar, rouge, fil., dos ornés, tr. dor. (Rel. anc.) 50 fr.

2747. **Roberts** (Emma). Vues pittoresques de l'Inde, de la Chine et des bords de la mer Rouge, dessinés sur les esquisses originales du commode Robert Elliot. Londres, Fischer, 1839, in-4, percal., tr. dor. 12 fr.

Très jolies figures sur acier.

2748. **Robinson** (George). Tableaux comiques. Paris, Delahays, 1860, in-12, demi-mar. vert avec coins, tête dor., n. rog. 4 fr.

2749. **Rodogune**. Histoire asiatique et romaine par Monsieur d'Aigue d'Iffremont. Paris, Est. Loyson, 1668, in-8, veau fauve, dos orné, fil., dent. int., tr. dor. (Petit-Simier). 18 fr.

Bel exemplaire orné des figures de Chauveau.

2750. **Rousseau**. Œuvres diverses. A Soleure, chez Ursus Heuberger à la sphère, 1712, avec privilège, in-12, mar. rouge, fil. à froid, dent. int., tr. dor. (Hardy). 30 fr.

Deuxième édition, sous cette date, contenant quelques pièces qui ne se trouvent pas dans la 1re édition.

2751. **Rousseau** (J.-J). Œuvres choisies contenant ses poésies. A Rotterdam, chez Fritsch et Bohm, 1714, in-12, veau, dos orné, tr. rouges. 4 fr.

2752. **Rousseau** (J.-J.) Les confessions, suivies des rêveries du promeneur solitaire. Nouvelle édition. Paris, Garnier, 1876, gr. in-8, demi-chag. rouge, tête dor., n. rog. 15 fr.

Gravures dans le texte et hors texte.

2753. **Roussel**. Essais historiques sur les régiments d'infanterie, cavalerie et dragons. Paris, 1766, in-12, veau. Champagne. 15 fr.
Béarn. 15 fr.

2754. **Saint-Foix**. Lettres turques, par Saint-Foix, publiées par D. Jouaust. Paris, D. Jouaust, 1869, in-12, mar. rouge, dos orné, fil., tête dor., n. r. 20 fr.

Exemp. papier de Chine.

2755. **Saint-Lambert**. Les saisons, poème (suivies des contes, poésies fugitives et fables orientales. 7e édition. Amsterdam, 1775, gr. in-8, veau fauve, dos orné, fil., tr. dor. (Rel. anc.). 40 fr.

7 figures par Moreau le jeune, gravées par Delaunay, Duclos, Prévost, Simonet et Lebas. 1 fleuron sur le titre et 4 vignettes par Choffard. Taches.

2756. **Sainte-Marthe**. Traité historique des armes de France et de Navarre et de leur origine. Paris, L. Roulland, 1673, pet. in-12 veau. 8 fr.

2757. **Saints** (Les) **Évangiles**. traduction tirée des œuvres de Bossuet par M. H. Vallon, de l'Institut, enrichie de 128 grandes compositions gravées à l'eau-forte d'après les dessins de Bida, sous la direction de E. Hédouin et 290 titres ornés, têtes de chapitres, culs-de-lampe, lettrines gravées sur acier par L. Gaucherel, d'après les dessins de Ch. Rossigneux. Paris, L. Hachette, 1873, 2 vol. in-fol. max., fig., texte avec encadrements, demi-rel. mar. La Vall., avec coins, tête dor., ébarbé. 350 fr.

Très bel exemplaire.

2758. **Sand** George. La Mare au Diable. Paris, Hachette, 1857, in-12 br., couv. 3 fr.

2759. **Satyre** ménippée de la vertu du catholicon d'Espaigne et de la tenue des Estats de Paris. Dernière édition augmentée outre les précédentes impressions, tant de l'interprétation du mot de *Higuiero d'infierno*, et qui en est l'autheur, que du supplément ou suite ou catholicon... S. l. 1600, petit. in-8, portr. mar. r. jans. tr. dor. (David). 25 fr.

Portrait du sieur Agnoste et des 2 charlatans.

2760. **Savaron** (Jean). Traicté (et second traicté) de la souveraineté du roy, et de son royaume. A MM. les députés de la noblesse. Paris, P. Chevalier, 1625, 2 part. — Savaron. Les Erreurs et impostures de l'examen du Traicté de M. Jean Savaron. De la Souveraineté du roy. Paris, P. Chevalier, 1616. Ensemble 1 vol. in-12 veau fauve, fil. tr. dor. 12 fr.

Petites mouillures à quelques pages. Très rare avec la Réfutation.

2761. **Scarron**. Théâtre complet. Nouvelle édition précédée d'une notice biographique par E. Fournier. Paris, Laplace. Sanchez et Cie, 1879, in-12, demi-rel. mar. vert, dos et coins tête dor. non rog. 45 fr.

L'un des 100 exemplaires tirés sur papier de Hollande, contenant l'autographe de la notice biographique d'Ed. Fournier, figures en triple état et deux dessins originaux à l'aquarelle de Louis Fournier l'un pour le portrait de Scarron, l'autre pour Jodelet duelliste.

2762. **Scott** (Walter). Œuvres traduites de l'anglais par Defauconpret. Paris, Gosselin et Sautelet, 1826, 84 vol. gr. in-18, demi-rel. veau rose n. rog. 160 fr.

Bel exemplaire avec les jolies figures de Tony Johannot.

2763. **Seba** (Albert). Description exacte des principales curiositez naturelles de son magnifique cabinet. Amsterdam, Jansson Waesberghe, 1734. 1765, 4 vol. gr. in-fol., dem. rel. mar. chag. bleu, non rog. 250 fr.

Ouvrage très intéressant contenant

1 front. et 449 planches soigneusement coloriées. Texte latin et français.

2764. **Senault**. De l'Usage des passions. A Leyde, chez Jean Elzevier, 1658, in 12, titre gr. mar. r. dos orné, fil. dent. int. tr. dor. (Rel. anc.) 20 fr.

Hauteur : 124 mill.

2765. **Senault**. De l'usage des passions de Paris, chez Journel, s. d. in-12 vélin. 4 fr,

Titre, frontispice gravé.

2766. **Sève** (Maurice). Delie objet de plus haute vertu poésies amoureuses. Lyon, Scheuring, 1852, in-8 broché, port. 3 fr.

2767. **Seyssel** (Claude). La Grant monarchie de France cô | posee par missire [*sic*] Glaude de Seyssel lors eues- | que de Marseille et a present Archeuesque de | Thurin adressant au roy trescrestien Francoys premier | de ce nom. | Cum priuilegio Regis. — Cy finist la Monarchie de France. Imprimee a Paris pour Regnault Chauldiere libraire demourant en la rue saint Iacques a lenseigne de lhomme sauuaige. Et fut acheue de Imprimer le xxi. iour de Iuillet. lan mil cinq cens dix neuf (1519). In-4 de 8 ff. lim. et 68 ff., blason de François Ier sur le titre et fig. sur bois représentant le roi assis au milieu de ses conseillers, mar. bleu, dos et coins fleurdelisés, dent. int., tr. dor. (Trautz-Bauzonnet). 125 fr.

2768. **Silvestre** (Th.) Histoire des artistes vivants français et étrangers. Etudes d'après nature. Paris, Blanchard, 1857. gr. in-8 demi-chag. vert, plats toile tr. dor. 6 fr.

10 portraits gravés sur acier.

2769. **Société** Rouennaise de Bibliophiles. Rouen, 1876, pet. in-4 br.

1. Le Mercure de Gaillon, avec introduction par Nic. Périaux, front. 20 fr.

2. Procès entre Nicolas Piedevant, curé de Forest et les moines de S. Wandrille avec introduction et notes par A Canel. 8 fr.

3. Gomboust. Description des antiquités et singularités de la ville de Rouen. 8 fr.

2770. **Spectacles** (Les) de Paris ou calendrier historique et chronologique des théâtres pour l'année 1779. Paris, veuve Duchesne, in-18 veau fauve, fil., tr. dor. 2 fr.

2771. **Sully**. Mémoires de Maximilien de Béthune, Duc de Sully, Principal Ministre de Henri le Grand. Mis en ordre, avec des remarques, par M. L. D. L. D. L. [l'abbé de l'Ecluse des Loges]. A Londres, (Paris), 1745. 3 vol. in-4, portraits gravés (33), mar. bleu, fil., dos ornés, tr. dor. (Derome). 300 fr.

Voy. Catal. Rothschild, tome III, n° 2238.
Bel exemplaire.

2772. **Swift**. Voyages de Gulliver. (Traduction de l'abbé Desfontaines). Paris, Didot l'aîné 1797, 4 parties en 2 vol. pet. in-12 demi-mar. rouge avec coins, tête dor. n. rog. 75 fr.

I frontispice et 9 jolies figures dessinés par Lefebvre et gravés par Masquelier.

2773. **Symbolorum** et emblematum ex animalibus quadrupedibus desumtorum, centuria altera collecta a Joachimo Cameraro. (A la fin) Noribergao Paulus Kaufmann 1525, in-4, titre front. et fig. mar. olive jans., dent. int., tr. dor. (Chambolle-Duru). 75 fr.

Edition recherchée ornée d'un frontispice et de 100 jolies figures emblématiques finement gravées sur bois.

2774. **Tableau** (Le) des piperies des femmes mondaines, où par plusieurs histoires se voyent les ruses et artifices dont elles se servent. A Paris, chez J. Denis, 1633, pet. in-12 mar. citr., fil. dent. int., tr. dor. (Derome). 100 fr.

2775. **Tardieu** (Ambroise). Monument National. Portraits des députés, écrivains et pairs constitutionnels, défenseurs invariables de la Charte et de la Loi des élections du 5 février 1817, dessinés et gravés par Amb. Tardieu. Paris, l'auteur, 1820-21, papier vélin, in-4, demi-mar. rouge avec coins, tête dor., n. rog. (Bertrand). 60 fr.

151 portraits.

2776. **Tardiveau** A. Fleurs d'Antan et fleurs nouvelles. Paris, Ch. Lavauzelle, 1892, in-12 carré, br. 3 fr.

2777. **Tasse**. — La Jérusalem délivrée, traduction nouvelle en prose par M. V. Philipon de La Madeleine, augmentée d'une description de Jérusalem par M. de Lamartine. Edition illustrée par MM. Baron et C. Nanteuil. Paris, Mallet, 1841, in-8, port. pl. hors texte sur chine, vign. dans le texte, demi-rel. mar. r. avec coins, tête dor., ébarbé. (Brany). 16 fr.

Exemplaire du premier tirage, auquel on a ajouté la suite des 4 figures in-8 de Ducis, par Pauquet, pour la « Vie du Tasse », publiées par Nepveu, épreuves sur Chine.

2778. **Taunay** et **Denis**. Le Brésil, ou histoire, mœurs, usages et coutumes des habitans de ce royaume. Paris, Nepveu, 1822. 6 vol. in-12, veau vert, tr. dor. 20 fr.

Nombreuses figures en couleur.

2779. **Taxe** de la chancellerie romaine ou la Banque du Pape, dans laquelle l'absolution des crimes les plus énormes se donne pour de l'argent. (Par Ant. Du Pinet). A Rome (Hollande), A la Tiare, chez Pierre La Clef, 1744, 2 part. en 1 vol. in-12, mar. bleu jans., dent. int., tr. dor. (Chambolle-Duru). 35 fr.

Titre gravé et 2 figures.

2780. **Teniers**. Theatrum Pictorium Davidis, Teniers Antverpiensis pictoris, in quo exhibentur, ipsius manu delineatæ ejusque cura in æs incisæ picturæ quas Serus Archidux in Pinacothecam suam Bruxellis collegit. Antverpiæ, apud H. C. Verdussen, 1658, in-fol., mar. rouge, fil. à la Du Seuil, dos orné, dent. int., tr. dor. (Chambolle-Duru.) 500 fr.

Frontispice gravé et 245 planches, par Troyen, Boel, Vastermann et autres. Très belles épreuves.

2781. **Texier** (Edm.) Voyage pittoresque en Hollande et en Belgique. Paris, Morizet, 1857, gr. in 8, percal., tr. dor. 6 fr.

Illustrations de MM. Rouargue, frères.

2782. **Thierry**. Documents sur le Malade imaginaire ; estat de la recette et despence faite par ordre de la compagnie, avec introduction et notes. Paris et Nancy, Berger-Levrault, 1880, in-8 broché. 5 fr.

Exemplaire sur papier de Hollande.

2783. **Tiré à cent exemplaires**. Vers. Dessins de E. Froment. In-12, br. 5 fr.

Sous ce titre : « Tiré à cent exemplaires, on a réuni 19 charmants petits contes légers : Too short indeed. — Les Touristes. — Le Savetier. — Le Corsaire. — Bohême. — Epicurienne. — La Boutique à 4 sous. — Reponse du berger à la bergère. — Hospitalité dangereuse. — A E. Froment. — A Mlle L. M. — Atavisme. — Paysage lyonnais. Faits divers. — Rondeau de May. — Sens dessus dessous. — Axiome. — Dédicace de J. Soulary. — Vœux. — Ce charmant petit livre est un bijou typographique ; tous ces contes sont inédits.

2784. **Tragédie** (La) | des Rebelles, | ou sous des noms feints, on void leurs conspirations, | machines, monopoles, assemblées, prattiques | et rebellions descouuertes. | Dédiées à la Reyne. | A Paris, Chez la veufve Ducarroy, | 1622. | In-12 de 31 pp., mar. rouge jans., dent. int. tr. dor. (Trautz-Bauzonnet). 60 fr.

Pièce en vers, et en cinq actes, sans distinction de scènes ; elle est relative à la rébellion des protestants, mais les personnages sont sous des noms supposés. Après le titre se trouve une dédicace à la Reine, par P. D. B., Parisien, ce qui a fait attribuer l'ouvrage à Pierre de Brénon.

2787. **Tragicum** theatrum actorum et casuum tragicorum. Londini, publice celebratorum, quibus Hiberniæ. Proregi episcopo Cantuariensi. Amstelodami, Jod. Jansonium, 1649. A la Sphère, in-12 veau, fil. 5 fr.

Portraits et une planche se dépliant.

2786. **Traictez singv- | liers** contenus ou present opuscule. | Les trois comptes intitulez de Cupidō et | de Atropos, dōt le premier fut inuēte par Se- | raphin, poëte Italien. | Le second et tiers de linuention de maistre | Iehan Le Maire, ⁊ a este ceste œuure fondee, af- | fin de retirer les gens de folles amours. | Les Epitaphes de Hector ⁊ Achilles auec le | Iugemēt p Alexādre le Grand, composees p ar | Georges Chastelain, dit Lauanturier. | Le Tēple de Mars faict ⁊ cōposé p. I. Molinet. | Plusieurs chantz royaulx, Balades, Ron- | deaulx et Epistres composees par feu de bōne | memoire maistre Guillaume Cretin nagueres | chantre de la saincte chapelle du Palais. | L'apparition du feu mareschal de Chabā- | nes faicte ⁊ composee par ledict Cretin. | Il se vent a Paris en la grant salle du Palais, en la bouticque de Galiot du Pré. — Fin du present opuscule... nouuellement imprime a Paris par Antoine Cousteau, pour Galliot du Pre... en feurier mil cinq cens xxv [1526, n. s.]. In-8, goth.. mar. brun jans., dent. int., tr. dor. (Trautz-Bauzonnet). 220 fr.

Cette édition diffère de celle qui est décrite au catal. Rothschild (tome I, n° 487), bien qu'elle porte la même date et contienne les mêmes pièces.

Magnifique exemplaire de ce rare volume, très grand de marges. Nombreux témoins. Raccommodages aux quatre premiers feuillets.

2787. **Traité général** des chasses à courre et à tir. Paris, Audot, 1822, 2 vol. in 8, br. 15 fr.

36 planches.

2788. **Trésor littéraire** (Le) de la France, recueil en prose et en vers de morceaux empruntés aux écrivains les plus renommés et aux personnages les plus remarquables de notre pays depuis le XIIIe siècle jusqu'à nos jours. Publié par la Société des Gens de Lettres.

Les prosateurs, Paris, Hachette et

Cie, 1866, gr. in-8, dem. chag. lavallière. 10 fr.

40 gravures de Bayard.

2789. **Trésor des pièces rares ou inédites** (Le). Paris, Aubry, 1855-1861. 18 vol. pet. in-8, pap. vergé, titre, r. et n. cart., perc. grise, non rog. 55 fr.

Œuvres inédites de P. de Ronsard. — La Ruelle mal assortie. — Les Loix de la galanterie (1641). — Description de la ville de Paris au xve siècle par Guilbert de Metz. — Mémoire du Voyage en Russie fait en 1586, par Jehan Sauvage, suivi de l'expédition de Fr. Drâke en Amérique. — Les Eglises et Monastères de Paris, pièces en prose et en vers des ixe xiiie et xive siècles. — La Journée des Madrigaux, suivie de la Gazette de Tendre. — Chansons et Saluts et d'amour de Guillaume de Ferrières dit le Vidame de Chastre. — Philobiblion, excellent traité sur l'amour des Livres, par Richard de Bury. — Les Vers de maître Henri Baude, poète du xve siècle. — Ch. Du Lis. Opuscule historique relatif à Jeanne d'Arc. — Procès de François Ravaillac. — Récit des Funérailles d'Anne de Bretagne. — Le Livre de la chasse du grand Seneschal de Normandie. — Chants historiques et populaires du temps de Charles XII et de Louis XI. — L'Enlèvement innocent (1606-1610) vers itinéraires et faits en chemin par Claude-Enoch Virey. Le Blason des couleurs en armes, livrées et devises par Sicile. — Paris au xiiie siècle, par Springer.

2770. — **Triumphe de haulte folie** (Le). Reproduction d'un poëme lyontais du xvie siècle, ornée de figures sur bois et accompagnée d'une introduction et d'un glossaire, par Anatole de Montaiglon. Un joli volume avec 43 bois dans le texte. Au lieu de 15 fr. 3 fr.

— Le même sur chine 4 fr.

2791. **Turgot**. Plan de Paris. Commencé l'année 1734. Dessiné et gravé sous les ordres de Turgot. Achevé... en 1739. Levé et dessiné par Louis Bretez, gravé par Claude Lucas. Gr. in-fol. demi-chag. bleu avec coins. 60 fr.

Bel exemplaire de la calcographie, collé sur toile et monté sur onglets,

2792. **Vaenius** (Otho). Amoris divini emblemata studio et aere antverpiae ex officina Plantiniana, 1660, pet. in-4, velin. 25 fr.

58 figures gravées.

2793. **Valerii Martialis**. Epigrammata cum notis farnabii et variorum Ludg. Batavorum, 1661, in-8 veau, front. 6 fr.

2794. **Vallée** (Geoffroy). La beatitude des chrestiens et le fléau de la Foy. Paris, librairie de l'académie des bibliophiles, 1867, brochure in-8 de 16 pages. 2 fr.

Papier de hollande.

2795. **Valmont** (Le comte de) ou les égaremens de la raison. 12e édition. Paris, Bossange, 1807. 6 parties en 3 vol. in-8, dem. mar. rouge avec coins, tête dor. 45 fr.

Outre les figures de Moreau cet exemplaire contient 2 autres suites : celle de Liot et celle de Monnet. En tout 38 pl.

2796. **Van Dyck**. Eaux-fortes de Antoine Van Dyck reproduites et publiées par Amand Durand, texte par G. Duplessis. Paris, s. d., in-folio avec 21 planches sur parchemin. 60 fr.

Publié à 120 fr.

1796. **Vaumorière**. Histoire de la galanterie des anciens. Paris, 1671, 2 tomes en 1 vol. pet. in-12, mar. bleu, dos orné, fil., tr. dor. (Hardy). 45 fr.

2798. **Vaux**. (Bon de Vaux). Les hommes d'épée. Préface par Aurélien Scholl. Paris, E. Rouveyre, 1882, in-8 dem. mar. rouge avec coins, tête dor., n. rog. 20 fr.

Exemplaire sur papier vergé. Nombreuses planches sur chine.

2799. **Vaux** (Le baron Ludovic de), La Palestine. Paris, E. Leroux, 1883 gr. in-8, br. 8 fr.

Illustré par MM. Chardin et C. Mauss.

2800. **Vaux** (Le B^on^ de). Les hommes de cheval. Paris, Rotschild, 1888. in-8, br. 40 fr.

Nombreux portraits et figures dans le texte en couleur. Exemplaire sur papier du Japon.

2801. **Vecellio**. Degli habiti antichi et moderni di diverse parti del mondo libri due, fatti da Cesare Vecellio, et con discorsi da lui dichiarati. In Venetia, presso Damian Zenaro, M. D. XC. (1590), in-8, car. ital., fig. sur bois dans les entourages, mar. vert jans., dent. int., tr. dor. (Chambolle-Duru). 400 fr.

Première et précieuse édition contenant 420 planches : elle est fort rare. Bel exemplaire.
Hauteur : 184 mil.

2802. **Veillées d'hiver** par MM. A. Dumas, Ch. Nodier, M. Raymond, F. Soulié. Bibliophile Jacob, etc. Paris, Charpentier, 1834, 4 vol. in-12, dem. veau fauve avec coins. 30 fr.

2803. **Veuillot** (Louis). L'imitation de Jésus-Christ. Paris, Glady, 1876, in-8 br. 25 fr.

Eaux-fortes et vignettes. Publié à 50 francs.

2804. **Vida** (Marc-Jérôme). Le ver à soie, poème en deux chants. Paris, Bouchard-Huzard, 1844, in-8, demi-chagr. noir. 3 fr.

2805. **Ville** (Antoine de). Les fortifications du chevalier Ant. de Ville, contenant la manière de fortifier toute sorte de places, villes, etc., le tout représente en 55 planches gravées. Paris, 1666, in-8 veau. 10 fr.

2806. **Villeneuve-Bargemont**. Histoire de René d'Anjou, roi de Naples, duc de Lorraine. Paris, Blaise, 1825, 3 vol. in-8, dem. veau. 8 fr.

Nombreuses planches.

2807. **Villeneuve-Trans.** Histoire de Saint Louis, roi de France. Paris, 1839. 3 vol. in-8, demi-veau. 6 fr.

2808. **Vincent** (Ch.) Chansons, mois toats, précédés d'un historique du Caveau, par E. Dentu. Paris, 1882, pet. in-8 br. 5 fr.

Portrait, vignettes par Le Nain. Publié à 20 fr.

2809. **Viollet le Duc.** Dictionnaire d'architecture française du XIe au XVIe siècle. Paris, Bance, 1856, in-8 br, 10 fr.

Tome 1er seulement.

2810. **Viollet-le-Duc.** Compositions et dessins de Viollet-le-Duc, publiés sous le patronage du comité de l'œuvre du maître. Paris, 1884, in fol., demi-chag. rouge avec coins, plats toile, tr. jasp., port et pl. 80 fr.

100 planches montées sur onglets.

2811. **Virgile.** L'Eneïde. fidèlement traduite en vers et les remarques à chaque livre pour l'intelligence de l'histoire et de la fable, première partie contenant les six premiers livres, par Messire Perrin. A. Paris, chez Etienne Loyson, 1658, in-4 veau. 8 fr.

1 frontispice et figures en taille-deuce à mi-page.

2812. **Virgile.** Œuvres traduites en français avec des remarques par l'abbé Desfontaines. Paris, Quillau, 1754, 4 vol. in-12, veau écaille, dos orné, tr. dor. 8 fr.

Figures de Cochin.

2813. **Virgile.** Publii Virgilii Maronis opera. Curis et Studio Stephani Andræ Philippe Lutetiæ. Parisiorum. Ant. Urb. Coustelier, 1745, 3 vol. in 12, mar. rouge, fil. tr. dor. (rel. anc.) 100 fr.

Très bel exemplaire en papier de hollande dans une jolie reliure. Frontispice, figures, en tête et culs-de-lampe de Cochin.

2814. **Virgilii,** Publii maronis carmina omnia Parisiis, typographia Firminorum Didot, 1858, in-12 cart. 20 fr.

Vignettes photographiées.

2815. **Vien** (Joseph). Caravane du sultan à la Mecque. Mascarade Turque donnée à Rome par MM. les pensionnaires de l'Académie de France et leurs amis au Carnaval de l'année 1748, dédiée à Messire Jean-François de Troy, écuïer, conseiller-secrétaire du Roi. Paris, chez Fessard, (1768), in 4, cart. Bradel, n. rogné. 75 fr.

Recueil rare composé d'un titre front. et 30 pl. dessinés et gravés à l'eau-forte par J. Vien.

2816. **Vincent Miroir.** Le premier et (le second) volume de Vincent Miroir, historial (5 livres) (traduit par Jean-de Vignay.) Nouuellemēt imprime a Paris. Il se vendēt en la grant salle du palais au premier en la boutique de Galliot du pre Mil V. C. XXXI (153), 2 vol. in-fol., caract. goth., mar. rouge jans., dent. int., tr. dor. (Chambolle-Duru). 450 fr.

Figures sur bois. Bel exemplaire.

2817. **Vindé** (Morel de). Zélomir. De l'imprimerie de Didot l'aîné, à Paris, chez Bleuet jeune, 1801, in-12, pap. vél., mar. rouge, dent., dos orné, tr. dor. (Rel. anc.). 60 fr.

1 frontispice et 5 charmantes figures par Lefèvre, gravées par Godefroy.

2818. **Vitae** passionnis et mortis jesu christi domini nostri mysteria. Piis méditationibus exposita per Joan Bourghesium Figuris aenis expressa per Boetium a Bolswert. Antverpiae apud Henricum Aertssens 1622, in-8, mar. rouge, tr. dor. dos orné fil. à compart. (Rel. anc.) 250 fr.

Frontispice et 76 figures gravées par Bolswert. Superbe exemplaire de 1er tirage.

2819. **Vitet.** L'Académie royale de peinture et de sculpture, étude historique. Paris, M. Lévy, 1861, in-8 br. 2 fr. 50

2820. **Vitu.** Auguste. Paris. Paris Quantin, in-4 cart., tr. dor., non rog. 20 fr.

Illustré de 450 dessins d'après nature.

2821. **Voltaire.** La Ligue, ou Henri-le-Grand, poème épique. Amsterdam, H. Desbordes, 1724, mar. rouge dent. int., tr. dor. (Hyrda). 12 fr.

2822. **Voltaire.** La Henriade. Poème orné de dessins lithographiques. A Paris, chez E. Dubois, 1825, in-fol., figures sur Chine, demi-mar. rouge avec coins, n. rog. (Moreau.) 30 fr.

Exemplaire sur papier vélin fort.

2823. **Voltaire.** Henriade. Suite de dix en-têtes d'Eisen gravés par de Longueil pour l'édition veuve Duchesne (imprimerie Barbou), vers 1770. Deux volumes in-8. — Superbes épreuves de graveur avant le texte au verso, à toutes marges. 200 fr.

2824. **Voltaire.** La Pucelle d'Orléans. Poème en 21 chants. Paris, Leclère, 1865, 2 vol. in-8 veau fauve, fil., dos orné, n. rog. 55 fr.

Portrait. Vignettes de Duplessis-Bertaux.

2825. **Voltaire.** Les Romans. Paris, Jouaust, 1878, 5 vol. in-8, demi-mar. noir avec coins, tête dor., n. rog., couv. 90 fr.

Eaux-fortes de Laguillermié, comprenant : Zadig. — Candide. — Lettres d'Amabert. — La princesse de Babylone. — L'Ingénu.

L'un des 20 ex. sur papier Whatman avec double suite de gravures.

Bel exemplaire très rare.

2826. **Von Gebüre vnd** Billicheit des fürtreflichen Romers M. T. Ciceronis, Drei Bücher au semen Sün Marcum. Gedruckt zu Frankfurt am Meyn, bei Chr. Egenolff. MDL (1550), in-fol. de 4 ff. lim. et 91 ff. chiffrés, fig. sur bois, mar. rouge, fil., dos orné, dent. int., tr. dor. (Belz-Niedrée.) 350 fr.

Edition ornée de 103 figures sur bois, gr. par H. Scheufelin et Burghmaier.

2827. **Voyage** où il vous plaira par Tony Johannot, A. de Musset et J. Stahl. Paris, Hetzel, 1843, gr. in-8, demi-mar. brun, dos orné, n. rog. 50 fr.

Illustrations dans le texte et hors texte. Première édition.

2828. **Zola** (Emile). Nouveaux contes à Ninon. Paris, L. Conquet, 1886, 2 vol. in-8, demi-mar. bleu avec coins, tête dor. éb. 45 fr.

1 front. et 30 compositions dessinés et gravés à l'eau-forte par E. Rudaux.

Le Propriétaire-Gérant : **Th. BELIN**.

Péronne. — Imp. Eug. CRÉTY, 24, Grande Place.

www.ingramcontent.com/pod-product-compliance
Lightning Source LLC
LaVergne TN
LVHW010406240826
846091LV00020B/2815